Benoît Montay

LES 100 MOTS DU DROIT CONSTITUTIONNEL

Que sais-je?

À lire également en
Que sais-je ?

COLLECTION FONDÉE PAR PAUL ANGOULVENT

Stéphane Rials, *Les Textes constitutionnels français*, n° 2022.
Stéphane Rials, Julien Boudon, *Les Textes constitutionnels étrangers*, n° 2060.
Pierre Avril, Jean Gicquel, *Lexique de droit constitutionnel*, n° 3655.

ISBN 978-2-13-081314-9
ISSN 0768-0066

Dépôt légal – 1re édition : 2020, novembre

170 *bis*, boulevard du Montparnasse, 75014 Paris

Avant-propos

Au sens large, en dissociant le mot et la chose, de la Constitution d'Athènes ou la *Lex Publilia* jusqu'à la révision constitutionnelle française de 2008, en passant par les lois fondamentales du royaume, nul doute qu'il y a toujours eu – et qu'il y aura toujours ! – du « droit constitutionnel » : des règles, écrites ou non, de simples coutumes ou des traditions révérées, de celles qui sont sanctionnées par des tribunaux ou qui sont approuvées ou réprouvées par la communauté, mais qui toutes ont pour point commun d'organiser les rapports entre ceux qui sont amenés à participer à la chose publique. Un droit « politique », dit-on, pour reprendre l'ancienne terminologie qui avait cours aux siècles passés. Certes non parce que ses règles seraient issues de la politique – quel droit, de nos jours, n'est pas le fruit d'un programme ? –, mais parce qu'elles concernent tout simplement l'administration de la cité, de la *polis*.

Cependant, cette intangibilité de façade ne doit pas masquer le curieux tour qu'ont pris ces règles à l'époque moderne et à l'époque contemporaine sous l'effet des phénomènes de constitutionnalisation, de juridictionnalisation et de fondamentalisation. De constitutionnalisation tout d'abord, puisque les dispositions constitutionnelles, déliées de l'héritage du passé ou d'une quelconque transcendance, ont été inscrites, par la volonté humaine, dans des textes juridiques d'une valeur généralement réputée supérieure aux autres. De juridictionnalisation ensuite, car pour assurer cette supériorité il a fallu que des juges, singulièrement des cours constitutionnelles, contrôlent le bon respect de ces dispositions par les organes et les autorités de l'État.

De fondamentalisation enfin, à concurrence avec le droit international, puisque la tentation était forte, eu égard à la valeur supérieure du corpus constitutionnel, de lui arrimer d'autres règles, d'autres principes, pour leur garantir une parfaite protection juridique : les droits et les libertés fondamentaux.

Cent mots, donc, *les* cent mots du droit constitutionnel, pour comprendre ce droit des droits, appréhender ses fondements théoriques, saisir ses évolutions au cours de l'histoire et maîtriser son application présente, en France, sous la Ve République. Cent mots qui sont encore et surtout une invitation lancée aux étudiants en droit, aux professionnels ou aux citoyens impliqués dans la vie de la communauté, pour réfléchir ensemble, dans une perspective critique, et loin de tout dogmatisme, à nos institutions.

Les 100 mots du droit constitutionnel

L'astérisque (*) signale que le terme ou l'expression qui précède fait l'objet d'une entrée à part entière.

La flèche (→) sert à renvoyer à d'autres entrées.

ACTE JURIDIQUE

Que cache l'aride définition de l'acte juridique ânonnée dès la première année de droit sur les bancs de l'Université : « toute manifestation de volonté en vue de produire des effets de droit » ?

Arrêtés, décrets, instructions, circulaires, notes de service, commentaires administratifs, lois ordinaires, organiques, constitutionnelles, résolutions, sans compter les divers contrats, etc. On se perd dans la terminologie foisonnante de ces actes qui ne sont jamais rien d'autre que du papier et des mots (Hobbes), mais du papier qui prend une certaine forme (l'*instrumentum* de l'acte) et des mots qui possèdent un certain contenu (le *negotium*), et auxquels on prête une force.

En droit constitutionnel, la typologie des actes – administratifs, législatifs, juridictionnels, gouvernementaux – est d'autant plus importante que non seulement la nature de l'acte détermine son régime contentieux, mais elle permet également d'identifier l'activité exercée par les diverses autorités des organes de l'État. Supposons une journée particulièrement chargée au cours de laquelle le Président de la République signerait un traité international, nommerait un membre au Conseil constitutionnel, adopterait en Conseil des ministres un décret d'application d'une loi, nommerait un agent public : il exercerait respectivement une fonction gouvernementale dans l'ordre international, une fonction gouvernementale dans l'ordre interne, une fonction administrative réglementaire et une fonction administrative individuelle ; le régime des deux premières étant marquées par l'immunité juridictionnelle des actes pris dans leur exercice (→ Gouvernement, acte de), tandis que les deux autres donneront lieu à la production d'actes justiciables devant la juridiction administrative.

Mais la notion même d'acte juridique masque ce qu'il est convenu d'appeler les « actes matériels », les divers agissements qui échapperaient au monde du droit alors même qu'ils sont appelés, eux aussi, à produire des effets : un simple tweet du Président américain, une conférence de presse du Premier ministre français, les traditionnels vœux à la nation du Premier de l'an, le refus de serrer la main d'un chef d'État étranger, ces gestes et ces paroles emporteront des conséquences qui révèlent tout ce que peut avoir d'illusoire la distinction du droit et du non-droit.

ADMINISTRATION

Inévitablement suivie de l'adjectif « kafkaïenne » ou lancée comme une interjection qui se meurt dans des points de suspension de dépit, l'administration recouvre l'ensemble ce qu'il est convenu d'appeler l'« appareil d'État », et peut être appréhendée soit d'un point de vue fonctionnel, soit d'un point de vue organique.

Au sens *fonctionnel*, l'administration se résume à deux principales activités : les services publics, c'est-à-dire les prestations d'intérêt général fournies aux administrés par une personne publique ou sous son contrôle, et la police administrative, c'est-à-dire les actions visant à prévenir les atteintes à l'ordre public (salubrité, sûreté, tranquillité et moralité publiques ainsi que la dignité humaine).

Avec l'abandon progressif, mais continu, des conceptions héritées de l'État-providence, cette définition fonctionnelle ne recoupe plus tout à fait la définition *organique* de l'administration : en dehors de l'ensemble des agents des trois fonctions publiques (étatique, territoriale, hospitalière), rattachés au pouvoir exécutif, les activités de service public peuvent également être exercées par des personnes privées : il en va ainsi, par exemple, des caisses d'assurance maladie (CE, 1938, *Caisse primaire « Aide et protection »*) ou des ordres professionnels (CE, 1943, *Bouguen*).

Cette définition alambiquée ne serait pas véritablement à l'image de l'administration si l'on n'ajoutait pas un second degré de complexité tenant au juge compétent et au droit applicable à ces personnes et à ces activités. Car au sein des services publics, il en est qui peuvent être dits « administratifs » et d'autres, se rapprochant des activités industrielles ordinaires, « industriels et commerciaux » : quelle que soit la nature privée ou publique de la personne qui en a la charge, le service public administratif est globalement soumis au droit administratif sous le contrôle du juge administratif ; et le service public industriel et commercial est globalement soumis au droit privé sous le contrôle du juge judiciaire. Une raison de plus de regretter la simplicité de l'équation originelle fantasmée : administration = service public = juge administratif.

AMENDEMENT

« Corollaire du droit général d'initiative » et, pour les représentants du pays, « moyen plus sûr et plus rapide d'exposer leurs idées » (Eugène Pierre), le droit d'amendement permet aux députés, aux sénateurs, mais aussi au Gouvernement d'ajouter, de supprimer ou de modifier les articles d'un projet ou d'une proposition de loi : à l'heure où environ 75 % des lois adoptées émanent du Gouvernement (projets de loi), l'amendement représente en un sens le dernier bastion législatif du Parlement. Un bastion fragile toutefois, car le sort des amendements est bien sûr tributaire du système majoritaire (→ Fait majoritaire) – sous l'actuelle XVe législature, seuls 7 % des amendements déposés ont été adoptés – et que ce droit d'amender un texte est encadré par trois séries de limites relatives aux irrecevabilités de fond, aux irrecevabilités procédurales et aux mécanismes de rationalisation*.

Un amendement, par son contenu même, peut tout d'abord être déclaré irrecevable s'il ne présente aucun lien, fût-il indirect, avec l'objet de la loi (comme les « cavaliers* législatifs » de l'art. 45 de la Constitution), s'il a pour conséquence de diminuer des ressources publiques ou de créer ou d'aggraver une charge publique (irrecevabilités financières de l'art. 40), s'il n'est tout simplement pas du domaine de la loi* ou s'il est contraire à une délégation législative* (art. 41).

En dehors de son contenu, l'amendement peut aussi être écarté pour des raisons procédurales. D'une part, si l'article 44 de la Constitution précise que le droit d'amender « s'exerce en séance ou en commission », une loi organique et les règlements des assemblées prévoient que les amendements cessent d'être recevables après le début de l'examen du texte en séance publique, et le Gouvernement peut également s'opposer, après l'ouverture du débat, à tout amendement non soumis antérieurement à la commission (art. 44, al. 2). D'autre part, après la première lecture s'applique la règle de l'entonnoir, sanctionnée par le Conseil constitutionnel en 2006 (décision no 2005-532 DC) : seuls sont recevables les amendements en lien direct avec une disposition encore en discussion.

Enfin, les mécanismes hérités du parlementarisme rationalisé (→ Rationalisation du parlementarisme) sont eux aussi amenés à jouer pour restreindre le droit d'amendement : outre l'article 49, alinéa 3*, par lequel le Gouvernement engage sa responsabilité sur le texte qu'il a lui-même façonné, la procédure dite du « vote bloqué* » de l'article 44, alinéa 3 lui permet de contraindre l'Assemblée à se prononcer sur tout ou partie d'un texte en ne retenant que les amendements qu'il aura proposés ou acceptés.

ARBITRAIRE, DISCRÉTIONNAIRE, COMPÉTENCE LIÉE

C'est tout un imaginaire de geôles, de lettres de cachets, de faits du prince que soulève la simple évocation de l'arbitraire, mot terrible contre lequel s'est construit le droit constitutionnel moderne. Outre le principe de séparation des pouvoirs, la lutte contre l'arbitraire, cette capacité à prendre une décision (*arbitrium*) en dehors de toute limite formelle ou matérielle, se manifeste à l'heure actuelle par l'encadrement légal des compétences des diverses autorités rattachées au pouvoir exécutif, ainsi que par leur soumission à un contrôle juridictionnel. Dans bien des cas, la compétence est dite « liée » lorsque la loi, ordinaire ou constitutionnelle, détermine précisément les conditions d'édiction et le sens de l'acte que *doit* prendre une telle autorité : en droit constitutionnel, par exemple, l'article 50 de notre Constitution prévoit qu'à la suite d'une motion de censure « le Premier ministre *doit* remettre au Président de la République la démission du Gouvernement ».

Toutefois, la lutte contre l'arbitraire n'a pas lié toute compétence et n'a pas exclu de notre droit public actuel toute forme de discrétion : l'imprévisibilité des situations, les aléas du quotidien, les particularités de chaque cas rendent nécessaire une certaine marge de manœuvre dans la prise de décision, soit que le législateur ne précise pas l'ensemble des motifs d'édiction d'un acte, soit qu'il laisse à son auteur le soin d'en apprécier le sens. Le cas échéant, l'autorité exerce un « pouvoir discrétionnaire » lorsqu'elle peut choisir entre plusieurs décisions légales : au titre de l'article 12, « le Président de la République *peut*, après consultation du Premier ministre et des Présidents des assemblées, prononcer la dissolution de l'Assemblée nationale ».

Entre ces deux extrêmes, au sein de cette échelle de la discrétion, il est des situations intermédiaires dans lesquelles la compétence, liée par les textes, peut s'exercer selon des modalités plus souples. Ainsi, aux termes de l'article 10, le Président « promulgue les lois… » – il ne peut pas ne pas promulguer – « … dans les quinze jours qui suivent la transmission au Gouvernement de la loi définitivement adoptée » – il dispose donc d'une certaine liberté dans l'exercice de cette compétence.

AUTORITÉ

Selon l'opinion désormais communément admise, l'ordre juridique serait avant tout un ordre de contrainte, et la « règle de droit » s'identifierait précisément par sa faculté d'être sanctionnée devant les tribunaux, lesquels peuvent recourir à la force publique pour faire exécuter leur décision. Mais la force (ce que Hobbes figure par l'« épée » du souverain) n'est pas le seul ressort – peut-être pas même le plus courant – de la modification des comportements : dans bien des cas, le destinataire de l'énoncé peut lui attacher une signification et modifier son comportement sans qu'il y ait lieu de craindre une quelconque sanction. Et ce qui entraîne l'obéissance « sans recourir à la contrainte par force et à la persuasion par arguments » (Hannah Arendt), c'est ce que les Romains appelaient, en l'opposant au pouvoir (*postestas*), l'*auctoritas*, désignant par là une capacité d'influence, intimement liée à la transcendance, un

« pouvoir moral […] de haute direction politique » (André Magdelain) dévolu collectivement au Sénat à la fin de la République, puis individuellement au *Princeps* sous l'Empire. « Moins qu'un ordre et plus qu'un conseil », nous apprend Mommsen, « c'est un conseil qu'on peut malaisément se dispenser de suivre, comme celui donné par l'homme de métier au profane, par le chef du parti parlementaire aux membres de son groupe ».

De nos jours, l'acception première de ce mot s'est galvaudée, et « l'autorité » renvoie plus simplement à l'auteur (*auctor*) d'un acte juridique – ainsi en est-il des « autorités administratives » (→ Administration). Cela étant, la remise en cause de l'État, critiqué pour son manque d'indépendance et d'impartialité, a conduit à multiplier de drôles d'engins : les autorités administratives indépendantes*, qui tentent d'actualiser la formule de l'*auctoritas* en produisant ce qu'on appelle maladroitement du « droit souple », du *soft law*, auquel manquerait, pour être considéré comme du « droit dur », le critère de l'impérativité (→ Normes).

AUTORITÉ ADMINISTRATIVE INDÉPENDANTE

À côté des autorités administratives classiques, partie intégrante de l'Administration* rattachée au pouvoir exécutif, sont apparues en France au tournant des années 1980, sur le modèle des *agencies* américaines, les « autorités administratives indépendantes » (AAI). « Autorité », car elles disposent d'un pouvoir de réglementation, de sanction et d'influence ; « administratives », car, faute de mieux, elles sont rattachées à la branche exécutive (CE, 1981, *Retail*) ; « indépendantes », car elles échappent, juridiquement du moins, à la hiérarchie administrative classique posée par l'article 20 de notre Constitution, au terme duquel le Gouvernement « dispose de l'administration ». Protéiforme à l'origine, la catégorie a été clarifiée par les lois du 20 janvier 2017 qui distinguent désormais les *autorités administratives indépendantes* (sans personnalité morale) et les *autorités publiques indépendantes* (dotées de la personnalité morale).

Deux d'entre elles intéressent tout particulièrement le droit constitutionnel : le Défenseur des droits et la Haute Autorité pour la transparence de la vie publique (HATVP). La première, qui veille à la manière de l'*Ombudsman* suédois au respect des droits et libertés par l'État, les collectivités et tout organisme investi d'une mission de service public, présente la double spécificité d'être à la fois une AAI non collégiale (une personnalité nommée par le Président de la République) et une AAI constitutionnalisée (art. 71-1 de la Constitution). La seconde, la HATVP, créée en 2013, doit recevoir, publier et contrôler les déclarations d'intérêts et les déclarations de patrimoine des candidats à l'élection présidentielle, des ministres et des parlementaires, entre autres.

BICAMÉRISME / MONOCAMÉRISME

« La souveraineté est une, la Nation est une, la volonté nationale est une. Comment voudrait-on [...] que la représentation nationale fût coupée en deux, que la loi émanant de la volonté nationale fût obligée d'avoir deux expressions pour une seule pensée ? » Il y a loin de cette remarque frappée au coin du bon sens par le président de l'Assemblée constituante Marrast en 1848 – mais le Marat de la Convention en 1792 eût pu tenir le même propos... – au régime actuel de la Ve République, qui divise l'organe titulaire de la fonction législative en deux chambres (du latin *camerae*), l'Assemblée nationale et le Sénat.

Entre les deux motifs qui justifient théoriquement la mise en place d'un Parlement bicaméral, la France a fait le choix d'emprunter une troisième voie. Il n'est pas surprenant qu'un État fédéral, à l'instar des États-Unis, représente, au sein d'une chambre, la volonté de la Fédération et, au sein d'une autre, la volonté des États fédérés. On ne s'étonnera pas davantage qu'une monarchie parlementaire, à l'instar du Royaume-Uni, réserve à une « chambre haute » la représentation de la noblesse et du clergé, concurremment à une « chambre basse » représentant le peuple. Et pourtant la France, État unitaire et républicain, a rejeté le monocamérisme des Ire et IIe Républiques pour embrasser un bicamérisme hérité des Empires napoléoniens, de la Restauration des Bourbons et de la monarchie de Juillet orléaniste.

En 1875, aux premières heures de la IIIe République, dans un contexte d'incertitude pesant sur la nature du régime, un Sénat républicain est créé, présenté comme « le grand conseil des communes de France » (Gambetta). En 1946, au lendemain de la Seconde Guerre mondiale, à la suite du rejet du premier projet de Constitution (système monocaméral), la IVe République mettra également en place un « Conseil de la République », se parant des atours d'un véritable Sénat en 1954, Sénat que confirmera la Ve République en 1958. Ce bicamérisme républicain, certes inégalitaire – les deux chambres n'ayant pas exactement les mêmes pouvoirs –, institué à l'origine pour tempérer la ferveur de la chambre basse, participe aujourd'hui, dans une mesure variable, à contrebalancer les pouvoirs d'un Président de la République qui, fort de *sa* majorité à l'Assemblée nationale, domine largement la procédure législative (→ Présidentialisation).

CAVALIER

Rien d'hippique ni d'héroïque dans les cavaliers du droit constitutionnel : il s'agit plus modestement des dispositions législatives qui n'ont pas de lien avec l'objet de la loi dans laquelle elles s'insèrent, soit que ces dispositions sortent du champ que la Constitution (art. 34) assigne à certaines lois, à l'instar des lois de finances (cavaliers budgétaires) ou des lois de financement de la Sécurité sociale (cavaliers sociaux) ; soit que ces dispositions, s'inscrivant en première lecture par voie d'amendement dans une loi ordinaire ou dans une loi organique, ne présentent aucun lien « même indirect avec le texte déposé ou transmis » (cavaliers législatifs de l'art. 45) – après la première lecture s'applique la règle de « l'entonnoir » (→ Amendement). Même en l'absence d'éléments penchant en ce sens dans les saisines des requérants, le Conseil constitutionnel peut relever d'office ces cavaliers et les déclarer non conformes à la Constitution.

CHECKS AND BALANCES

Ou plutôt « freins et contrepoids », selon la traduction retenue dans la langue de Molière pour désigner ce système caractéristique du régime présidentiel* américain : l'Exécutif et le Législatif ont beau être organiquement indépendants (absence de moyens d'action réciproques*), ils peuvent néanmoins agir sur leurs fonctions* respectives, non par des facultés de statuer (droit d'initiative), mais par des facultés d'empêcher : au Président le droit d'empêcher la fonction législative du Congrès en opposant son veto aux lois* (art. Ier, sect. 7) ; au Sénat le droit d'empêcher, par un avis défavorable, deux fonctions traditionnellement dévolues à l'Exécutif, la fonction de nomination et, par la conclusion des traités, la fonction fédérative (art. II, sect. 2). Le montage peut paraître complexe mais, comme le disaient Hamilton et Madison dans *Le Fédéraliste* du 8 février 1788, non sans un léger accent machiavélien : « c'est peut-être une chose humiliante pour la nature humaine que la nécessité de ces moyens compliqués. Mais l'existence même des Gouvernements n'est-elle pas humiliante pour l'humanité ? Si les hommes étaient des anges, il ne leur faudrait pas de Gouvernement ; si les hommes étaient gouvernés par des anges, il ne faudrait aucun moyen intérieur ou extérieur pour régler la marche du Gouvernement ».

CHEF D'ÉTAT

Que peuvent bien avoir en commun la reine d'Angleterre, le Président fédéral allemand, le Président des États-Unis et le Président de la République française ? Quatre chefs d'État, mais quatre fonctions assez distinctes : alors que les deux premiers incarneraient volontiers la *dignified part* du pouvoir exécutif, par opposition à l'*efficient part* que serait le chef du Gouvernement* (Bagehot), les deux derniers apparaissent désormais comme des *chiefs legislator*. En procédant par élimination, on pardonnera au Président américain ce mélange des genres : faute de véritable Gouvernement*, le Président, au sein d'un régime présidentiel*, cumule nécessairement les attributions du chef d'État et celles du chef de l'Exécutif – « *The executive Power shall be vested in a President of the United States of America* » (art. II, Constitution de 1787). Resteraient donc trois noms et un dernier intrus, car en théorie tous les chefs d'État des régimes parlementaires, à l'instar de l'Angleterre, la France et l'Allemagne, devraient se ressembler, construits sur le modèle d'un « pouvoir neutre » honorifique (Constant) dont il ne faut pas méconnaître néanmoins le rôle d'autorité* morale, pouvoir régulateur des autres pouvoirs publics dans l'ordre interne, pouvoir incarnant et représentant l'État dans l'ordre international. Et cet intrus, c'est évidemment le Président français ! La Constitution de la Ve République a beau jeu de le décrire comme un arbitre devant « assurer le fonctionnement régulier des pouvoirs publics » (art. 5), censé être « au-dessus des partis » (de Gaulle), il s'est en réalité assez vite imposé comme un « monarque républicain » (Duverger) avant de devenir, à la faveur de la présidentialisation du régime*, un super-Premier-ministre, pourtant politiquement irresponsable.

Chef de l'État ou chef du Gouvernement, il est malgré tout un phénomène symptomatique de l'évolution de l'ensemble des démocraties occidentales : la concentration du pouvoir entre les mains d'une seule autorité – sa personnification en somme. Président français, Chancelier allemand, Premier ministre anglais, Président américain… Autant d'« Exécutifs » qui, appuyés par leur parti politique (ou au besoin, par une coalition), dominent le jeu institutionnel et font de la séparation des pouvoirs* un concept démodé.

COHABITATION

En alignant désormais le mandat des députés sur le mandat présidentiel, et sauf dislocation de la majorité appelant une dissolution, sauf disparition ou démission du Président en exercice, la réforme du quinquennat* semble avoir remisé la « cohabitation », c'est-à-dire l'opposition politique de la majorité présidentielle et de la majorité parlementaire, au cabinet de curiosités de l'histoire constitutionnelle. Eût-elle dû jamais en sortir, au reste ? Était-il écrit d'avance qu'en 1986, désavoué aux élections législatives, François

Mitterrand, alors Président depuis 1981, devait poursuivre son mandat dont l'échéance – septennat oblige – arriverait à terme en 1988 ? Certes, le Président de la République n'est pas responsable politiquement, sinon de haute trahison, crime devenu depuis 2007 le peu lisible « manquement à ses devoirs incompatible avec l'exercice de son mandat » (art. 68 → Responsabilité), mais l'exemple du général de Gaulle, amené à démissionner à la suite de la victoire du « non » au référendum constitutionnel de 1969, aurait pu contribuer à forger une convention* de la Constitution : tout Président désavoué par une élection politique doit se retirer. Telle ne fut pas l'option retenue, et la Ve République connut trois cohabitations : Mitterrand-Chirac de 1986 à 1988 ; Mitterrand-Balladur de 1993 à 1995 et Chirac-Jospin de 1997 à 2002.

C'est dans les périodes de cohabitation que se révèlent les tensions internes à la Constitution, accentuées encore par la pratique politique, au point de conduire parfois à un blocage des institutions : la dyarchie* au pouvoir se dispute les compétences qu'elle tire respectivement des articles 13 et 21, et l'on a pu voir ainsi, surtout lors de la première cohabitation, le Président bloquer les ordonnances de son Premier ministre et le Premier ministre négocier son contreseing* pour certaines nominations.

COMMISSIONS PARLEMENTAIRES

Affaires culturelles, économiques, étrangères, sociales, défense nationale, développement durable, finances et lois… Les commissions permanentes à l'Assemblée nationale ou au Sénat, dont le nombre a été porté à un maximum de huit depuis la révision constitutionnelle de 2008 (art. 43), préparent en effectif restreint le travail législatif des séances plénières des assemblées, hors cas particuliers où sont constituées des

« commissions spéciales ». Saisies pour une durée de six semaines devant la première chambre, quatre devant la seconde (art. 42), elles amendent les propositions ou les projets de loi et présentent, par la voix de leur rapporteur, le texte qui, depuis la révision de 2008 toujours, est débattu en séance publique (décision n° 2012-655 DC). Qu'un désaccord intervienne entre l'Assemblée nationale et le Sénat, après deux lectures dans le cadre de la procédure législative de droit commun, ou une seule lorsque l'urgence est déclarée (art. 45), c'est au tour d'une autre commission d'être saisie (→ Navette) : la commission mixte paritaire, composée de sept députés et sept sénateurs, et chargée de trouver un terrain d'entente sur les dispositions restant en discussion.

À côté des commissions spéciales, des commissions mixtes paritaires et des commissions permanentes, les parlementaires peuvent encore se réunir en petit nombre, non pour voter la loi, mais pour recueillir des informations, notamment au travers d'auditions (missions d'information), ou pour contrôler l'action du Gouvernement : ce dernier rôle est dévolu aux commissions d'enquête (art. 51-2), moins élaborées que les *hearings* américaines, mais qui disposent d'un droit de citation pour entendre, sous serment, les personnes auditionnées, et qui peuvent encore saisir le parquet afin de déclencher d'éventuelles poursuites judiciaires.

CONFÉRENCE DES PRÉSIDENTS

Chaque semaine durant la session* parlementaire, le mardi à l'Assemblée, le mercredi au Sénat, se réunissent tous ceux, pour le dire vite, qui portent le titre de « président » et au sein desquels on dénombre, entre autres, le président de la chambre, bien sûr, les vice-présidents, les présidents des commissions* permanentes et les présidents des groupes politiques. Cette conférence prépare le travail parlementaire, fixe l'ordre du jour* dans le respect des limites de l'article 48 de la Constitution, mais a également un rôle important à jouer dans la procédure législative elle-même : il lui revient de faire obstacle à l'inscription à l'ordre du jour de projets de loi qui ne seraient pas accompagnés d'« étude d'impact » (art. 39, al. 4), de fixer la durée maximale dans le cadre de la procédure du temps législatif programmé ou encore de s'opposer conjointement à la procédure accélérée, décidée par le Gouvernement (→ Navette).

CONSEIL CONSTITUTIONNEL

Que l'on remonte à 1795 et à la « jurie constitutionnaire » de Sieyès, écartée comme une « superfétation inutile et dangereuse » (Thibaudeau), aux Sénats du Consulat et des deux Empires, et leur semblant de contrôle de constitutionnalité, ou au Comité constitutionnel de la IVe République, censé modestement examiner « si les lois votées par l'Assemblée nationale supposent une révision de la Constitution », le Conseil constitutionnel de la Ve République ne semble pas avoir de prédécesseurs. Mieux : le Conseil d'aujourd'hui n'est pas même l'héritier de « l'organe régulateur de l'activité des pouvoirs publics » institué en 1958 (décision n° 62-20 DC). D'un « chien de garde de l'Exécutif », contrôlant le respect de la séparation des domaines de la loi et du règlement* et le respect de la procédure législative, le juge de la rue Montpensier est devenu, à la faveur de la décision *Liberté d'association* de 1971 (→ Constitution) non plus un « canon braqué contre le Parlement » (Eisenmann), mais l'arme de l'opposition pointée contre les lois de la majorité – doublé, pour ses admirateurs, d'un héraut des droits et des libertés.

Rue Montpensier siègent donc neuf juges nommés pour neuf ans par le Président de la République, le Président de l'Assemblée nationale et le Président du Sénat (trois chacun), secondés des membres de droit que sont encore les anciens présidents de la République – quoique les projets de révision constitutionnelle se multiplient pour supprimer cette catégorie. Leur office, en dehors des questions prioritaires de constitutionnalité* et du contentieux de la séparation des domaines*, est d'apprécier la conformité au bloc de constitutionnalité des lois organiques, des propositions de référendum d'initiative partagée et des règlements des assemblées (art. 61, al. 1), sur saisine obligatoire du Premier ministre ou des Présidents des assemblées ; des lois ordinaires (art. 61, al. 2), sur saisine facultative du Président de la République, du Premier ministre, des Présidents des assemblées et, depuis la révision de 1974, de soixante députés ou de soixante sénateurs ; mais aussi des conventions internationales avant leur ratification (art. 54), sur saisine facultative des précédentes autorités, y compris les soixante députés ou soixante sénateurs depuis la révision constitutionnelle de 1992.

Néanmoins, le rôle du Conseil constitutionnel ne se limite pas au contrôle de constitutionnalité* : il lui revient encore d'emprunter les habits d'un juge électoral, en veillant à la régularité des élections présidentielles (art. 58), des élections législatives et sénatoriales (art. 59), et des opérations de référendum (art. 60).

CONSEIL DES MINISTRES

Mercredi matin, 10 heures, palais de l'Élysée, salon des ambassadeurs. (Le salon Murat a en effet été délaissé.) Les ministres s'installent autour de l'interminable table ovale au centre de laquelle siège le Président de la République face à son Premier ministre. C'est là, une ou deux heures durant, selon un ordre du jour fixé par le Président, que sont délibérés les ordonnances (art. 38), les principaux décrets (art. 13, al. 1er) et les projets de lois (art. 39), que sont également pourvues par voie de nomination les fonctions les plus prestigieuses (art. 13, al. 3) et qu'il peut être décidé de recourir au très controversé 49.3 (→ Quarante-neuf-trois).

On l'aura compris : qui détient la présidence d'un tel conseil détient l'essentiel du pouvoir, et la Ve République, contrairement à sa devancière, a fait le choix de la confier au Président de la République lui-même (art. 9). Ainsi, en cas de concordance des majorités (→ Fait majoritaire), le Conseil des ministres est le lieu de la présidentialisation* du régime, mais il est encore, en cas de cohabitation*, le lieu des tensions internes de la Constitution, laquelle enchevêtre les compétences des deux têtes de l'Exécutif (→ Dyarchie).

CONSTITUTION

À la définition formelle héritée de la hiérarchie des normes* – est constitutionnelle toute disposition placée au sommet de la pyramide – répond une définition matérielle de la Constitution : toute disposition ayant pour objet, d'une part, de régler l'organisation et le fonctionnement des pouvoirs publics et, d'autre part, de garantir les libertés et les droits fondamentaux. Lorsqu'elles sont écrites, et non coutumières (à l'instar, en partie, du Royaume-Uni), ces règles, qui empruntent des terminologies différentes (Constitution, Chartes, Lois fondamentales), peuvent être soumises soit à des procédures de révision identiques à celles des lois ordinaires (Constitution souple), soit à des procédures plus complexes (Constitution rigide) destinées à garantir leur pérennité.

À l'inverse de certains pays comme l'Allemagne, l'Italie ou l'Espagne, la Constitution française de 1958 ne comporte guère de dispositions relatives aux droits et aux libertés des citoyens : tout au plus trouve-t-on une référence à la liberté individuelle dont l'autorité judiciaire est la gardienne (art. 66) et au principe de libre administration des collectivités territoriales (art. 72). Il a fallu que le Conseil constitutionnel, dans sa grande décision de 1971 *Liberté d'association*, puise dans d'autres textes auxquels renvoie le Préambule pour élargir les « normes de référence » de son contrôle et bâtir ainsi le « bloc de constitutionnalité » : la Déclaration des droits de l'homme et du citoyen de 1789, le Préambule de la Constitution de 1946 (contenant lui-même les principes particulièrement nécessaires à notre temps et de mystérieux principes fondamentaux reconnus par les lois de la République*) et, par la suite, la Charte de l'environnement de 2004.

Qu'on reconnaisse qu'une Constitution, c'est « un esprit, des institutions, une pratique » (de Gaulle) ou que l'on se tourne vers l'illusoire littéralité du texte en prônant « la Constitution, rien que la Constitution, toute la Constitution » (Mitterrand), force est d'admettre que l'intégration, au sein du bloc de constitutionnalité, de principes si larges, aux significations si nombreuses, des principes qui, pour certains, sont « découverts » *ex nihilo* par le juge et, pour d'autres, découlent de belles valeurs *a priori* inoffensives – la Fraternité ainsi (décision 2018-717/718 QPC) –, rend légitime la crainte d'un « gouvernement des juges » (Lambert). Napoléon, dit-on, la préférait « courte et obscure » ; l'interprète habile peut quant à lui se réjouir d'une Constitution longue et précise.

CONSTITUTIONNALITÉ DES LOIS (CONTRÔLE DE LA)

Il en faut, des révolutions coperniciennes et des changements de paradigmes, pour tolérer que la loi, pourtant expression de la volonté générale, seule capable de garantir la liberté dans les systèmes dérivés du contrat social*, puisse être limitée par quelques bonshommes statuant au regard d'un texte (la Constitution) qui chante plus qu'il ne parle. On imagine volontiers Rousseau, déjà abasourdi par notre régime représentatif, se désespérer à la lecture de la décision *Nouvelle-Calédonie* du Conseil constitutionnel qui, sous-couvert de rappeler les principes du contrôle de constitutionnalité, consacre en réalité un second degré de représentation : « la loi votée [...] n'exprime la volonté générale que dans le respect de la Constitution » (Cons. const., décision n° 85-197 DC). La volonté générale peut donc « errer », elle n'est pas « toujours droite », si bien qu'il serait parfois nécessaire, face à ses maux, dans un État de droit*, de panser la loi.

C'est aux États-Unis, avec le grand arrêt *Marbury v. Madison* rendu par la Cour suprême en 1803, qu'apparaît un premier modèle de contrôle de conformité des lois à la Constitution, un contrôle *a posteriori* (après l'entrée en vigueur de la loi), concret (la conformité de la loi est appréciée à l'occasion de l'une de ses applications), diffus (le contrôle peut être exercé par toutes les juridictions, et non seulement par la Cour suprême) et procédant par voie d'exception (l'inconstitutionnalité est soulevée au cours d'une instance principale). À ce modèle américain répond le modèle européen, inspiré partiellement de la Constitution autrichienne de 1920, caractérisé le plus souvent par un contrôle *a priori* (avant l'entrée en vigueur de la loi), abstrait (la conformité de la loi est appréciée sans considération d'une quelconque situation subjective), concentré (le contrôle est exercé par un organe *ad hoc*) et procédant par voie d'action (la constitutionnalité de la loi est l'objet même du recours).

En France, où les juridictions de droit commun se refusent à opérer un tel contrôle de constitutionnalité (CE, 1936, *Arrighi et Coudert*), la Ve République a mis en place un système qui cadrait parfaitement, à l'origine, avec le modèle européen : elle réserve au seul Conseil constitutionnel* (contrôle concentré) le soin de contrôler les lois avant leur entrée en vigueur (contrôle *a priori* et abstrait). La mise en place de la question prioritaire de constitutionnalité* (QPC) en 2008 a toutefois quelque peu brouillé les lignes en introduisant une procédure d'exception d'inconstitutionnalité, offrant la possibilité aux juges de droit commun d'opérer une forme de précontrôle avant que ne statue le Conseil constitutionnel.

CONTRAT SOCIAL

C'est à une question particulièrement délicate que tente de répondre le contrat social, celle qu'a laissée en suspens le changement de paradigme politique du XVIe siècle, ce passage de l'holisme aristotélicien à l'individualisme moderne (Dumont) : comment penser la communauté politique, qui suppose l'assujettissement des citoyens à des lois qui leur sont extérieures (hétéronomie), en partant précisément de l'individu, de l'homme qui, libre par nature, ne peut obéir qu'à sa propre volonté (autonomie) ? En d'autres termes, comment faire un « tout » (la communauté) en partant d'une myriade de parties (les individus) prises dans leur état de nature* ?

La force étant exclue, puisqu'elle évince la volonté individuelle, la religion ayant elle-même été rabaissée au rang de la force, il ne resterait, pour base de toute autorité légitime parmi les hommes, que les conventions, les contrats. Des auteurs peu scrupuleux ont suggéré qu'à l'instar du contrat d'esclavage en droit romain, par lequel l'esclave se donne à son maître, un peuple pouvait tout aussi bien se donner à un chef (Grotius). D'autres, inquiets que ce contrat puisse être dénoncé par l'une ou l'autre des parties, ont altéré la forme contractuelle pour lui substituer celle qui, plaçant le Léviathan hors de toute relation contractuelle, est en réalité une action unilatérale conditionnée, à savoir l'autorisation : « j'autorise cet homme [...] et je lui abandonne mon droit de me gouverner moi-même, à cette condition que tu lui abandonnes ton droit et autorises toutes ses actions de la même manière » (Hobbes).

Dénonçant un à un ces montages fallacieux qui, tous, aboutissent à l'aliénation de la liberté, qui vaut renonciation à la qualité d'homme, souhaitant remonter au premier contrat, non pas celui par lequel un peuple se donne à un roi (pacte de sujétion), mais celui « par lequel un peuple est un peuple » (pacte d'association), seule et unique convention possible, Rousseau réconcilie l'hétéronomie du politique et l'autonomie individuelle grâce à la formule de la volonté générale : pour peu que, dans la rencontre de nos volontés, « les plus et les moins [...] s'entre-détruisent », de telle sorte qu'il resterait « pour somme des différences, la volonté générale », alors la loi qui en serait le fruit, et à laquelle je serais assujetti (hétéronomie), procéderait bel et bien de ma propre volonté (autonomie). La liberté serait sauve, ainsi, puisque « l'obéissance à la loi qu'on s'est prescrite est liberté ».

Remontant à cette première convention, Rousseau en donne toutefois une définition si étrange que l'on peine, dans ce contrat, à identifier les parties, l'objet, le but : « Chacun de nous met en commun sa personne et toute sa puissance sous la suprême direction de la volonté générale ; et nous recevons en corps chaque membre comme partie indivisible du tout. » Telle est l'étonnante propriété du contrat social que de n'être pas totalement un contrat – davantage une fusion des volontés –, comme si l'impossible forme contractuelle signait l'aveu de l'échec des fondements politiques de la modernité, échec qui redonnerait tout son crédit à la thèse aristotélicienne : l'homme étant par nature un animal politique, la communauté est elle-même naturelle, première et antérieure à l'homme.

CONTRESEING

« *The King can do no wrong* », selon la maxime de la monarchie parlementaire anglaise. Et si le Roi ne peut mal faire, il faut bien, pour éviter toute impunité, des agents – les ministres – qui endossent la responsabilité de ses actes en les contresignant. En France, l'article 19 de la Constitution pose la règle générale selon laquelle les « actes du Président de la République [...] sont contresignés par le Premier ministre et, le cas échéant, par les ministres responsables », tout en réservant de notables exceptions qui forment, par opposition à ces pouvoirs partagés, des pouvoirs propres du Président : la nomination du Premier ministre (art. 8), la faculté de recourir au référendum* (art. 11), le droit de dissolution (art. 12), le déclenchement et les mesures prises pendant l'état d'urgence (art. 16), le droit de message* (art. 18), la nomination des membres du Conseil constitutionnel* (art. 56) et la saisine de ce même Conseil dans le cadre du contrôle de constitutionnalité des traités (art. 54) ou des lois (art. 61).

CONVENTIONNALITÉ (CONTRÔLE DE)

À l'heure où les requérants multiplient les exceptions d'inconventionnalité pour évincer les dispositions législatives internes en puisant dans cette foire aux droits subjectifs que sont désormais les stipulations internationales, la petite phrase de Paul Matter en 1931, alors procureur général près la Cour de cassation, semble sortie d'un monde à jamais – qui peut le dire ? – révolu. Examinant un cas de conflit hypothétique entre une loi et une convention internationale, le procureur assura que « vous [les juges] ne connaissez ou ne pouvez connaître d'autre volonté que celle de la loi. C'est le principe même sur lequel reposent nos institutions judiciaires ».

Certes, si l'on s'en tient au mythe, le juge est bien « la bouche qui prononce les paroles de la loi » (Montesquieu), mais la question de l'articulation du droit interne et du droit international est pourtant loin d'être simple, car nombreuses sont les Constitutions, à l'instar de celle de la Ve République et de son article 55, à refuser le « dualisme », c'est-à-dire le système dans lequel l'ordre juridique interne et l'ordre juridique international sont distincts, pour embrasser pleinement le « monisme ». En d'autres termes, les stipulations de l'ordre international, auxquelles on donne une valeur supérieure aux lois, n'ont plus besoin du secours d'une transposition législative pour produire leurs effets en droit interne : leur seule ratification suffit.

Qu'au terme d'un contrôle de conformité de la loi à une convention internationale – *contrôle de conventionnalité* – il apparaisse qu'une disposition législative est contraire à une stipulation internationale, la volonté du législateur devrait en bonne logique moniste s'effacer devant le traité. Et c'est cette logique que suivaient les juges lorsqu'ils étaient confrontés à un traité postérieur à une loi : assimilant loi et traité, retrouvant leur latin, ils considéraient que *lex posterior derogat priori*, que la loi nouvelle déroge à l'ancienne. Mais que fallait-il faire dans le cas contraire, dans le cas où, sciemment, le Parlement intervenait pour adopter une disposition législative contraire à un traité antérieur ? Jusqu'en 1975, habilement, les juges « réservaient le jeu du traité » : les matières régies par la convention internationale sortaient du champ d'application de la loi nouvelle.

Avec la décision *Interruption volontaire de grossesse*, rendue en 1975 par le Conseil constitutionnel, la donne a changé. En refusant de contrôler la conventionnalité des lois soumises à son examen, le Conseil a implicitement invité les autres juridictions à conférer son plein effet à l'article 55 de la Constitution. L'invitation n'est pas restée lettre morte : la Cour de cassation, à peine quelques mois plus tard (Cass., 1975, *Jacques Vabre*), et le Conseil d'État, un peu plus tardivement (CE, 1989, *Nicolo*), acceptaient de contrôler la conventionnalité de lois postérieures à un traité signé en 1957… le traité de Rome.

CONVENTIONS DE LA CONSTITUTION

« Habitudes, pratiques, maximes ou préceptes qui ne sont ni sanctionnés ni reconnus par les juridictions » (Dicey), mais qui, non écrites, sont regardées comme contraignantes par les acteurs politiques, les conventions de la Constitution trouvent leur origine en Angleterre où elles forment, à côté de la véritable « loi de la Constitution », un corpus renvoyant à l'éthique constitutionnelle ou politique plus qu'au droit : aussi le *Prime minister* est-il, par convention, le chef du parti majoritaire aux Communes.

Transposées aux constitutions écrites, à la manière de Pierre Avril, les conventions apparaissent plus déroutantes encore, car si elles peuvent compléter les dispositions constitutionnelles dans le silence du texte (*praeter legem*), elles semblent parfois s'inscrire à l'encontre de sa lettre présumée (*contra legem*), à l'instar de la « Constitution Grévy », par laquelle, en une formule – « je n'entrerai jamais en lutte contre la volonté nationale » –, le Président de la IIIe République neutralisa en 1879 le droit de dissolution pourtant inscrit dans les lois constitutionnelles de 1875. Sous la Ve République, le général de Gaulle instaura dès 1964, au cours de l'une de ses grand-messes – les conférences de presse –, deux conventions majeures de la Ve République. Le Président de la République « choisit le Premier ministre, […] a la faculté de le changer, […] décrète ou non les mesures qui lui sont proposées » : l'article 8, relatif à la nomination du Premier ministre et du Gouvernement, ne réserve nullement au Président un quelconque droit de révocation du chef du Gouvernement ; l'article 13, relatif aux compétences du Président, précise modestement, à l'aide d'un présent qui a traditionnellement valeur impérative, que le chef de l'État « signe les ordonnances et les décrets délibérés en Conseil des ministres ». C'était, d'un trait, consacrer un parlementarisme dualiste (→ Parlementaire, régime) et octroyer au Président un pouvoir discrétionnaire en lieu et place d'une compétence liée (→ Arbitraire, discrétionnaire, compétence liée).

COUR SUPRÊME

L'expression fait intuitivement penser à l'importante *Supreme Court* américaine, cette juridiction coiffant le pouvoir judiciaire fédéral (art. III, Constitution de 1787) composée des neufs juges (depuis 1869) nommés à vie par le Président des États-Unis sur avis conforme du Sénat (→ *Checks and balances*) et chargés, en dehors de quelques compétences de première instance, de connaître en appel des décisions des cours fédérales et des cours des États. C'est d'ailleurs à cette occasion qu'elle est amenée, comme les autres juridictions mais avec une autorité supérieure, à opérer un contrôle de constitutionnalité*.

De manière générale est qualifiée de « suprême » la juridiction placée au sommet d'un ordre juridictionnel, position lui permettant d'exercer une fonction disciplinaire sur les décisions rendues par les tribunaux inférieurs et une fonction juridique d'unification de la jurisprudence grâce à l'autorité que revêt son interprétation des règles de droit. En France, le Conseil d'État (ordre juridictionnel administratif) et la Cour de cassation (ordre juridictionnel judiciaire) sont parfois qualifiés de cours suprêmes (→ Juges), à concurrence avec le Conseil constitutionnel qui s'est arrogé, depuis l'introduction de la QPC*, le pouvoir de contrôler la constitutionnalité de « la portée effective qu'une interprétation jurisprudentielle constante » confère à une disposition législative (décision n° 2010-39 QPC).

CUMUL

Si le candidat à une élection doit se plier aux règles d'inéligibilité, qui peuvent tenir aux fonctions (pas plus de deux mandats consécutifs pour le Président de la République) ou à la personne (l'âge par exemple : 18 ans pour être député, mais 24 pour être sénateur), l'élu, lui, doit encore respecter les règles relatives aux incompatibilités, parmi lesquelles celles qui encadrent la si médiatique pratique du « cumul ». Ces règles visent à contraindre le nouvel élu – le « cumulard » – à renoncer à d'autres mandats ou fonctions.

En France, les lois de février 2014 ont renforcé les interdits qui pèsent sur les parlementaires : aux anciennes incompatibilités* excluant qu'un député puisse être également sénateur (et réciproquement), que l'un et l'autre doivent abandonner leur mandat s'ils sont élus au Parlement européen, qu'il leur est interdit de continuer à occuper certains emplois (dont ceux de la magistrature et, sauf exception, ceux de la fonction publique) et qu'ils ne peuvent de surcroît être membres de plus d'une assemblée délibérante locale (conseiller régional, conseiller départemental, etc.), à ces anciennes incompatibilités, donc, s'est ajouté le douloureux renoncement aux éventuelles fonctions exécutives locales qu'ils occupaient avant leur élection – adieu au fameux député-maire...

S'agissant des membres du Gouvernement, qui ne sont certes pas « élus », l'article 23 de la Constitution prévoit un large régime d'incompatibilités – tout mandat parlementaire, toute fonction de représentation professionnelle à caractère national, tout emploi public, toute activité professionnelle –, régime qui permettait toutefois de voir fleurir des ministres-maires avant que Lionel Jospin n'inaugure, en 1997, une pratique visant à interdire ce cumul.

DÉCLARATION DES DROITS DE L'HOMME

Voilà plusieurs jours que, ce mercredi 26 août 1789, les grands hommes de la Révolution bataillent sur une virgule, sur un mot – faut-il se placer « en présence » ou « sous les auspices » de l'Être suprême ? –, pesant le poids du moindre adverbe – « l'exercice des droits naturels de chaque homme n'a ~~évidemment~~ de bornes… » –, hésitant sur les modalisateurs – la loi ne peut défendre, doit défendre, ou n'a le droit de défendre que les actions nuisibles à la Société ? –, se rangeant tantôt sous l'autorité de Rousseau – la loi est l'expression de la volonté générale – tantôt sous celle de Locke – la propriété est un droit naturel et imprescriptible –, pour livrer une Déclaration qui sera regardée, par les uns, comme l'acte de naissance des démocraties contemporaines et, par les autres, comme « une préface criminelle à un livre impossible » (Rivarol).

Et ils ont été légion, et non des moindres, à critiquer ces dix-sept articles : « vous avez déclaré la guerre à la nature » (Burke) ; « comment se peut-il que l'élite d'une nation éclairée […] ait pu produire sur les principes fondamentaux du gouvernement une rapsodie si incohérente, si méprisable et en même temps si dangereuse ? » (Bentham) ; « les droits de l'homme […] ne sont rien d'autre que les droits du membre de la société bourgeoise, c'est-à-dire de l'homme égoïste, de l'homme séparé de l'homme et de la communauté » (Marx). Les griefs sont nombreux, on peut le comprendre : il fallait oser passer du droit naturel, révélé à l'observation de la nature (et de l'homme à l'état de nature*), au droit positif, règles posées par une volonté humaine et sanctionnées devant les tribunaux. Mais, si l'on sait que celles de 1793 et de 1795 sont tombées dans l'oubli, que la Déclaration universelle de 1948 n'a pas force contraignante en France, en revanche la Déclaration de 1789 ne dit rien de sa valeur juridique, et il a fallu dépasser les hésitations doctrinales de la IIIe République pour que, reconnus dans le Préambule de la Constitution de 1946, les dix-sept articles soient timidement mobilisés. Désormais, sous la Ve, intégrée au bloc de constitutionnalité depuis la décision *Liberté d'association* de 1971 (→ Constitution), la Déclaration de 1789 est la source inépuisable de principes dégagés par le Conseil constitutionnel*, lui permettant de faire tout (→ Constitutionnalité des lois) et, ajouteraient peut-être Rivarol, Burke, Bentham, Marx, son contraire.

DÉCONCENTRATION, DÉCENTRALISATION

Ni synonymes ni antonymes, déconcentration et décentralisation décrivent deux modes d'organisation administrative au sein d'un État unitaire (→ État), dans lequel l'administration du territoire et des populations ne relève pas uniquement d'une seule et même autorité centrale.

Le premier mode, la *déconcentration*, consiste à adapter les décisions de l'État à la réalité du terrain en opérant un transfert de compétences, au sein d'une même personne morale de droit public, d'une autorité centrale (un ministre) vers une autorité déconcentrée au sein d'une « circonscription administrative » (un préfet) : plus simplement, en reprenant la trop fameuse formule d'Odilon Barrot, « c'est le même marteau qui frappe, mais on en a raccourci le manche ».

Le second, la *décentralisation*, permet de garantir plus de démocratie locale en transférant également des compétences d'une personne morale… mais vers une autre personne morale nouvellement créée, que ce soit une collectivité territoriale (communes, départements, régions, c'est-à-dire une décentralisation « verticale ») ou des établissements publics (« décentralisation horizontale »).

En France, les deux modes d'organisation se conjuguent, mais non sans ambiguïté, puisque le découpage de certaines collectivités territoriales (décentralisation) recoupe celui des circonscriptions administratives (déconcentration). Ainsi, le premier acte de la décentralisation (les lois Defferre de 1982-1983), suivi de l'acte II (la révision constitutionnelle de 2003) et du plus diffus acte III (les diverses lois de 2010 à 2015), n'a pas mis un terme à la déconcentration, dont les principes sont encore à l'heure actuelle exposés dans la grande Charte de 2015 (décret n° 2015-510).

Certes, les présidents des conseils départementaux et des conseils régionaux sont élus, à l'instar du maire, et l'État n'exerce plus de tutelle sur les collectivités territoriales, mais les préfets (de région et de département) conservent malgré tout quelques prérogatives visant à animer, à coordonner et à mettre en œuvre les politiques publiques de l'État, mais aussi à contrôler l'activité des collectivités territoriales : les actes les plus importants de ces collectivités sont exécutoires à compter de leur transmission au représentant de l'État, lequel peut, grâce au « déféré préfectoral », les transmettre aux juridictions administratives chargées d'en apprécier la légalité.

DÉMOCRATIE

Selon la définition rousseauiste, issue du *Contrat social**, la démocratie est le régime dans lequel le peuple non seulement exerce directement la fonction législative, fonction de souveraineté* par excellence puisqu'elle est l'expression de la volonté générale, mais assume également la fonction d'exécution de ses propres lois. À retenir une telle définition, une conclusion s'imposerait à l'évidence : il n'y a pas ou peu de démocraties de par le monde.

Au contraire, organisant l'élection de représentants qui votent la loi non au nom, mais à la place du peuple, interdisant tout recours au mandat impératif* et confiant la fonction exécutive à un Président et à un Gouvernement, la grande majorité des régimes mettent en place un système où le concours du peuple à la formation de la loi n'est pas « immédiat [...] ce qui caractérise la véritable démocratie », mais « médiat, [ce qui] désigne le gouvernement représentatif » (Sieyès). Tout est donc question de langue, et la langue évolue : de cette opposition fondamentale, renvoyant dos à dos Rousseau et Sieyès, démocratie et gouvernement représentatif, il ne reste rien, sinon la commode distinction entre « démocratie directe » et « démocratie représentative ». Entre les deux, nos théoriciens réservent une catégorie pour les formes hybrides – les démocraties semi-directes –, à l'instar de la Constitution de 1958, dont l'article 3 précise que « la souveraineté nationale appartient au peuple qui l'exerce par ses représentants et par la voie du référendum* ».

Démocratie directe, démocratie représentative, démocratie semi-directe, le tableau ne serait pas complet s'il n'intégrait aussi différentes variations sur l'État de droit*, lequel rehausse tout régime représentatif à la dignité de « démocratie libérale » en plaçant, au-dessus des représentants, des juges, dont l'office est d'expurger les lois de leur inconstitutionnalité et de leur inconventionnalité. Lorsque ce contrôle de constitutionnalité et ce contrôle de conventionnalité sont opérés sur saisine des citoyens-justiciables, c'est-à-dire lorsque l'individu – l'intérêt individuel – est à même de provoquer l'abrogation d'une disposition législative censée pourtant exprimer la volonté générale (→ QPC), une dernière épithète vient au secours du gouvernement représentatif : ces mécanismes concourent à faire émerger une « démocratie continue ». Et pour dénaturer un peu plus le sens des mots, il faut encore noter que tout autre système représentatif, qui refuserait les principes de l'État de droit, resterait malgré tout une démocratie, dite, cependant, « illibérale ».

DISSOLUTION

Moyen d'action réciproque conçu comme le corollaire de la motion de censure*, le droit de dissolution autorise le chef de l'État d'un régime parlementaire, soit de manière discrétionnaire, soit sur proposition conforme du chef du Gouvernement, à démettre les députés de leur mandat et à provoquer ainsi de nouvelles élections législatives. Et il est bien des raisons pour lesquelles l'Exécutif peut chercher à renvoyer les députés devant le suffrage : la dissolution donne la possibilité aux électeurs de trancher un différend politique entre la majorité parlementaire et le Gouvernement (dissolution parlementaire) ; elle peut permettre, comme sous la Ve République, à un Président nouvellement élu, héritant d'une chambre en désaccord avec ses vues, d'indexer la majorité parlementaire sur sa majorité présidentielle (dissolution-couplage ; → Fait majoritaire) ; elle peut encore servir à provoquer des élections législatives anticipées à un moment opportun, n'étaient les aléas des sondages (dissolution tactique) ; elle peut enfin être une menace, face à une Assemblée dissipée, pour inviter les députés à rentrer dans le rang (dissolution-dissuasion).

Cela étant, le chef de l'État et le chef du Gouvernement ne sont pas les seuls et uniques attributaires du droit de dissolution, et il est des cas où, comme dans les *Länder* allemands ou en Angleterre à la suite de l'adoption du *Fixed-Term Parliaments Act* de 2011, c'est l'Assemblée elle-même qui détient ce droit (autodissolution).

En France, neutralisé par la « Constitution Grévy » en 1879 (→ Convention de la Constitution) et par la rationalisation manquée de la IVe République, le droit de dissoudre fut actualisé en 1958 et confié, comme pouvoir propre (→ Contreseing), au Président de la République. Il joua pleinement son rôle jusqu'au 21 avril 1997, date (tragique pour son auteur) de la dernière dissolution de l'Assemblée nationale sous la Ve République : confiant dans les sondages qui lui promettaient, en cas d'élections législatives, un raz-de-marée de députés à la sensibilité politique plus proche que celle de la majorité balladurienne élue en 1993, Jacques Chirac tenta un coup de poker en recourant à l'article 12… coup de poker raté qui entraîna l'arrivée en nombre des socialistes à l'Assemblée, porta Lionel Jospin à Matignon et ouvrit, jusqu'en 2002, la troisième et dernière période de cohabitation* de la Ve République. Depuis lors, la présidentialisation* du régime, aggravée par le quinquennat*, rend peu probable un nouveau recours à l'article 12 : *exit* le droit de dissolution, *exit* la motion de censure. Dans cette Ve République revisitée, il ne reste plus grand-chose de « parlementaire » (→ Parlementaire, régime).

DOMAINES DE LA LOI ET DU RÈGLEMENT

Quelques dizaines d'années après l'entrée en vigueur de la Ve République, les juristes devaient se rendre à l'évidence :

non, « la révolution n'a pas eu lieu » (Rivero) ; non, la distinction entre l'article 34, énumérant les seules matières qui relèvent du domaine de la loi, et l'article 37, classant négativement dans le domaine du règlement toutes les autres matières, n'a pas conduit à octroyer au pouvoir exécutif un véritable droit de législation autonome (→ Pouvoir réglementaire). Les étapes de la contre-révolution sont connues, tout comme les contre-révolutionnaires eux-mêmes.

Dès 1965, le Conseil constitutionnel, jouant astucieusement avec les termes des dispositions précitées, affirma que l'article 34 n'épuisait pas le domaine législatif (« ce domaine est déterminé non seulement par l'article 34 mais aussi par d'autres dispositions », décision n° 65-34 L), brisant ainsi le carcan de la définition limitative de la loi. Ensuite, par la grande décision *Blocage des prix et des revenus* de 1982 (décision n° 82-143 DC), les juges de la rue Montpensier ont exclu, dans le cadre du contrôle de constitutionnalité des lois, que l'immixtion du Parlement dans le domaine réglementaire puisse caractériser un vice d'inconstitutionnalité au motif que deux mécanismes spécifiques inscrits dans la Constitution permettent d'ores et déjà au Gouvernement de défendre son domaine : la procédure de délégalisation de l'article 37 al. 2, par laquelle le Premier ministre peut demander au Conseil constitutionnel de reconnaître le caractère réglementaire d'une disposition prise sous forme législative ; et la procédure d'irrecevabilité de l'article 41 (→ Amendement). Enfin, le Conseil d'État a progressivement subordonné aux lois les règlements autonomes de l'article 37, en contrôlant leur conformité aux principes généraux du droit, pourtant de valeur infra-législative (→ Hiérarchie des normes) et leur *compatibilité* aux lois elles-mêmes.

Au fond, peu importe : à quoi bon disposer d'une fonction législative secondaire (le règlement) lorsque l'on domine pleinement, à la faveur de la présidentialisation* du régime, la fonction législative primaire (la loi) ? Si la révolution n'a pas eu lieu, c'est en réalité qu'« elle avait déjà eu lieu et [...] n'avait plus lieu d'être » (Quinart).

DROIT DE MESSAGE

On imagine volontiers monsieur Thiers, en 1873, particulièrement agacé par l'adoption de la loi du 18 mars, plus connue par la postérité sous le nom de « Constitution de Broglie ». Cette loi visait à encadrer, à une période de flou institutionnel, les interventions du chef du pouvoir exécutif devant la chambre. Privilégiant des messages lus par un ministre, mais autorisant quelques prises de parole conditionnées par une demande écrite adressée à la chambre, laquelle pouvait accepter de l'entendre le lendemain et délibérer ensuite hors de sa présence, la procédure instituait un véritable « cérémonial chinois », selon les propres mots du principal intéressé. L'agacement est compréhensible, car derrière son apparence anodine, le droit de message est la manifestation la plus visible du « pouvoir d'influence », de l'autorité* au sens ancien du terme, du chef de l'État, et c'est précisément cette influence que cherchait à limiter l'Assemblée.

La France est restée longtemps fidèle à ces principes posés aux premières heures de la IIIe République. Ainsi, pendant cinquante ans, la Constitution de 1958 disposait sommairement, à son article 18 : « Le Président de la République communique avec les deux Assemblées du Parlement par des messages qu'il fait lire et qui ne donnent lieu à aucun débat. » Ce n'est qu'à compter de la révision constitutionnelle du 23 juillet 2008 qu'une nouvelle opportunité a été offerte au chef de l'État : désormais, comme ont pu y avoir recours Nicolas Sarkozy, François Hollande et Emmanuel Macron, le Président « peut prendre la parole devant le Parlement réuni à cet effet en Congrès »...

mais le débat après son intervention se fait en son absence et ne peut donner lieu à un vote.

Aux États-Unis, à partir d'une simple disposition constitutionnelle bénigne relative au droit de message – « le Président informera périodiquement le Congrès de l'état de l'Union et recommandera à son attention telles mesures qu'il estimera nécessaires et expédientes » (art. II, sect. 3, Constitution 1787) – les présidents américains sont parvenus à s'arroger une forme de droit d'initiative des lois, droit en théorie inexistant dans les régimes présidentiels* dominés par des facultés non de statuer mais d'empêcher (→ *Checks and balances*). Si ces pratiques apparaissent dès le mandat de Washington (1789-1797), c'est principalement sous l'impulsion de Theodore Roosevelt (1901-1909), Woodrow Wilson (1913-1921) et de Franklin Roosevelt (1933-1945) que le message annuel du Président devant le Congrès, mais à destination du peuple tout entier, s'affirme comme l'instrument d'un pouvoir d'influence en matière législative. On invite modestement le Congrès à adopter des mesures visant telle ou telle finalité, on le menace s'il est réticent, en prenant le peuple comme juge, et on finit parfois, en complément du parlementarisme de couloir*, par proposer directement de véritables projets de loi.

DYARCHIE

« On ne saurait accepter qu'une dyarchie existât au sommet… » De l'imparfait du subjonctif à cet étrange mot dont la signification est transparente pour les hellénistes, tout rappelle, dans cet extrait de la grande conférence de presse donnée par le général de Gaulle le 31 janvier 1964, que la Ve République d'hier n'est plus celle d'aujourd'hui. Hier encore, les observateurs étaient en droit de se demander, à la lecture des articles 13 et 21 entremêlant les compétences du Président et du Premier ministre, si la récente Constitution de 1958 ne consacrait pas au sommet de l'État deux (*duo*) commandements (*archê*). Il n'en fut rien, et dans cette même conférence de presse le général de Gaulle allait inaugurer deux conventions* de la Constitution éclaircissant les rapports et les compétences des deux têtes de l'Exécutif, tranchant d'un même mouvement en faveur d'une « dyarchie hiérarchisée » (Massot) : le Premier ministre est subordonné au Président de la République, puisque ce dernier peut, par convention, le révoquer ; le Président dispose d'un droit de veto sur les décisions gouvernementales, puisque la signature des décrets et des ordonnances délibérés en Conseil des ministres est, par convention toujours, un pouvoir discrétionnaire et non une compétence liée (→ Arbitre, discrétionnaire, compétence liée).

ÉLECTIONS

Grand moment démocratique pour les uns, « piège à cons » pour les autres (Sartre), l'élection est un mode de désignation d'une ou plusieurs personnes à une fonction ou à un mandat qui, à l'inverse de la nomination (→ Pouvoir de nomination), fait intervenir le « pouvoir de suffrage » (Hauriou) et procède donc par le système du vote*. Les élections les plus courantes permettent ainsi de désigner les représentants du souverain qui seront censés « vouloir pour la nation » (→ Mandat impératif / représentatif).

Reposant sur le principe de la *maior pars*, lui-même inspiré des techniques électorales religieuses, les élections mobilisent un corps électoral qui exprimera son suffrage* pour désigner un élu selon un certain mode de scrutin*, le tout sous le contrôle d'un juge. Ce contrôle des opérations électorales est, en France, assuré par le juge administratif en ce qui concerne les élections locales (municipales, départementales, régionales) et européennes, mais par le Conseil constitutionnel, au titre des articles 58 et 59 de la Constitution en ce qui concerne les élections nationales (présidentielles, législatives, sénatoriales). Lorsqu'il est saisi, le juge électoral doit alors veiller au bon déroulement du scrutin, en contrôler la sincérité, le caractère égalitaire et la « dignité », selon la formule retenue par le Conseil constitutionnel au sujet d'une curieuse affaire de pédiluve installé pour « décontaminer » les électeurs (voir décision n° 2002-111 PDR). Les illégalités ou les atteintes constatées peuvent alors donner lieu à l'annulation de l'élection ou de certaines voix – quitte (rarement) à déclarer le perdant vainqueur – et à la condamnation à l'inéligibilité des candidats reconnus coupables de fraude.

ÉTAT

Entité comptable la plus répandue dans le monde des juristes, personne morale de droit public en droit interne et premier sujet du droit international, l'État est cette forme du politique définie, selon la commune opinion, par trois éléments : une population, un territoire et, surtout, un pouvoir de contrainte – le fameux « monopole de la violence physique légitime » (Weber). Pour peu que l'on conçoive ce pouvoir de contrainte par référence aux règles qui s'appliquent à la population et sur le territoire, on en déduira que l'État dans son ensemble est « la personnification de l'ordre juridique », un ordre normatif valable, et que « les éléments de l'État : puissance publique, territoire de l'État, peuple, sont simplement la validité de l'ordre juridique en soi, et sa validité dans l'espace [et dans le temps] et quant aux personnes » (Kelsen). Pour les kelséniens, l'État ne produirait plus le droit, mais serait lui-même le produit du droit, ou plus exactement serait *le droit*.

À partir de ce cadre théorique, il est alors possible de tailler des typologies, où classer, organiser et distinguer les formes de l'État selon les entités territoriales qu'il comporte : l'*État fédéral*, qui superpose sur un même territoire plusieurs ordres juridiques (les États-Unis, ainsi, ou l'Allemagne fédérale) ; l'*État régional*, dont les entités territoriales, sans constituer un ordre juridique distinct, jouissent d'une large autonomie (l'Espagne, par exemple) ; et l'*État unitaire*, caractérisé par une seule organisation juridique et politique, à l'instar de la France, ce qui n'exclut pas pour autant une administration déconcentrée ou décentralisée (→ Déconcentration, décentralisation).

Toutefois, l'État n'est pas seulement ce repère orthonormé des juristes, il est aussi, du point de vue de la philosophie politique, un moment de l'histoire des communautés humaines. Chassée par les empires d'Alexandre et de Rome, la *polis* grecque, la cité, communauté naturelle et première (antérieure à la famille et au village selon Aristote) a laissé place, après le long et incertain « moment cicéronien » (Manent), à l'État, au *stato* italien, qui revêt sa signification moderne sous la plume de Machiavel aux premières heures du XVIe siècle. Mais, à l'heure où se multiplient des confédérations qui prennent la forme de grandes « organisations régionales », nul ne connaît l'avenir de cette apparemment indépassable communauté politique de référence qu'est l'État.

ÉTAT DE DROIT

Un dictionnaire des idées (constitutionnelles) reçues, dressant le catalogue des opinions (politiques) chics, ne manquerait pas de noter immédiatement après une telle occurrence : s'en réclamer passionnément, condamner ses atteintes avec des tremolos dans la voix, mépriser les pays arriérés qui le méconnaissent. Car on ne transige pas avec l'État de droit, cette version contemporaine du *Rechtstaat*. Renvoyant initialement, dans la doctrine allemande du XIXe siècle, à une conception libérale selon laquelle l'État devait assurer un rôle de protection de la liberté et de la propriété individuelles, le *Rechtstaat* a accompagné le mouvement de séparation de la politique et du droit, pour signifier, de façon générale, la soumission de l'État au droit, avant de s'abîmer dans des formules faciles – « la politique saisie par le droit » (Favoreu) – qui ont l'avantage (ou le désavantage) de mieux marquer les esprits.

Ce faisant, le concept entretient des liens évidents avec son homologue anglais *rule of law*, « prééminence du droit », théorisé par Dicey au XIXe siècle, mais esquissé dès la *Magna Carta* de 1215 et trouvant sa plus fameuse expression dans les grands arrêts du *chief justice* Edward Coke, aux premières heures du XVIIe siècle anglais, lesquels ont contribué à enserrer la prérogative royale dans « la hiérarchie des fonctions normatives de l'État » (Heuschling) : l'ensemble des actes des autorités et des pouvoirs étatiques doivent être soumis au droit, et donc être contrôlés au terme d'un *judicial review*, d'un contrôle juridictionnel, afin d'être éventuellement sanctionnés par un juge.

Lorsqu'elle est appliquée aux actes administratifs pris par le pouvoir exécutif, au nom du principe de légalité, cette théorie ne heurte nullement les axiomes de la philosophie politique moderne, puisque les agents du pouvoir exécutif ne doivent être que les « simples officiers du souverain [Législateur] » (Rousseau). Plus délicate, en revanche, est la soumission du Législateur lui-même, et son œuvre censée exprimée la volonté générale, au *judicial review* du contrôle de constitutionnalité*, ce « point archimédique où se rencontrent [...] la démocratie et l'État de droit » (Jouanjan). Le problème peut très simplement être posé en termes rousseauistes : si seule la fusion des volontés individuelles au sein d'une volonté générale manifestée par la loi permet de garantir la liberté – l'autonomie de la volonté est sauve si, en obéissant à la loi, je ne fais qu'obéir à moi-même –, alors l'intrusion d'un second Législateur que serait le juge constitutionnel, fût-il un « législateur négatif » (Kelsen), fait ressurgir l'hétéronomie – j'obéirais à une volonté étrangère à la mienne, celle des juges de la rue Montpensier (→ Conseil constitutionnel).

Et pourtant, cette critique est en partie biaisée, car dans les régimes représentatifs occidentaux règne d'ores et déjà l'hétéronomie : la loi est l'expression, peut-être de la volonté générale, mais surtout de la volonté des représentants (→ Mandat impératif, mandat représentatif), si bien que le contrôle de constitutionnalité de la loi, lorsqu'il est demandé par un justiciable, oppose en un sens une volonté particulière à une autre volonté particulière. Doit-on alors en conclure que, comme en mathématiques où moins par moins donne plus, l'État de droit serait une énième manifestation de la crise de la représentation, le vecteur sauvegardant, pour pasticher Spencer, l'individu contre ses représentants ?

ÉTAT DE NATURE

Véritable exercice de style philosophique, aux conséquences complexes sur le droit constitutionnel, l'état de nature, cet état présocial, prépolitique qui « n'existe plus, qui n'a peut-être point existé, qui probablement n'existera jamais » (Rousseau), est un axiome loin d'être évident. Il en faut des détours d'imagination (et de prétention) pour, remontant au mythe des origines, concevoir les communautés politiques à partir d'un homme isolé, nu, saisi dans toute la vérité de sa nature. « C'est se moquer, dira-t-on, [...] ; l'homme de la nature, ce n'est pas l'homme solitaire, mais l'homme social [puisqu']il faut, pour obtenir un homme solitaire dans un désert, le priver de son père, de sa mère et d'une femme, [ou bien] qu'une certaine philosophie morose le relègue dans la solitude, ou que certaines idées religieuses le confinent dans une cellule, ou qu'enfin la tyrannie ou les lois le plongent dans leur cachot » (Rivarol). Rien de très naturel, ainsi, dans l'homme à l'état de nature, et c'est pourtant lui, l'Homme abstrait, qui servira de point de départ aux diverses théories du contrat social* s'opposant aux thèses aristotéliciennes de la communauté politique première, antérieure aux autres communautés et… naturelle.

Admettons. Pourquoi donc sortirait-on de l'état de nature pour entrer en communauté politique ? La question semble *a priori* diviser les penseurs. Pour Hobbes, l'état de nature est un état de « guerre de tous contre tous », car il est un état de parfaite égalité entre les hommes : « de cette égalité de capacité résulte une égalité d'espoir d'atteindre nos fins. Et c'est pourquoi si deux hommes désirent la même chose, dont ils ne peuvent cependant jouir tous les deux, ils deviennent ennemis ; et, pour atteindre leur but […], ils s'efforcent de se détruire ou de se subjuguer l'un l'autre » ; le Léviathan arrive alors pour assurer la sécurité de tous. Chez Locke, l'état de nature est un état de parfaite liberté, de parfaite égalité, où « tous les hommes [sont] rois », un état qui pourrait être paisible s'il n'était aussi un état de manque : manque de lois établies, manque d'un juge reconnu, manque d'un pouvoir capable d'exécuter une sentence ; ces carences, qui rendent précaire la jouissance de nos biens propres, justifient l'entrée en société civile pour garantir la propriété. Au contraire, rien de tel chez Rousseau, pour qui l'homme à l'état de nature, libre, mû par un principe de conservation que tempère la « pitié naturelle » (sa fameuse « bonté », qui n'est pas à proprement parler une bonté morale), jouit de tout ce dont il a besoin – ses besoins étant fort limités. Il a fallu « quelque funeste hasard, qui pour l'utilité commune eût dû ne jamais arriver », pour que les hommes sortent de l'âge des cabanes, « parvenus à ce point où les obstacles qui nuisent à leur conservation dans l'état de nature l'emportent [sur leurs forces] », et se corrompent en société.

Mais au fond, derrière ces divergences doctrinales perce un irréductible point commun : dans tous les cas, cet homme à l'état de nature n'est pas l'être de raison, de parole, de *logos* que l'on trouve chez Aristote, homme naturellement politique et naturellement porté à l'amitié (*philia*), mais un animal de désir, de passions qui doivent être réfrénées. De cette opposition anthropologique résulte une opposition sur les fins de la communauté : d'un côté, l'accomplissement de l'homme par le bon gouvernement ; de l'autre, la répression des passions destinée à éviter l'arbitraire grâce à la séparation des pouvoirs*.

FAIT MAJORITAIRE, MAJORITÉ ET CONCORDANCE DES MAJORITÉS

Graal inespéré à la recherche duquel étaient lancées les IIIe et IVe Républiques, avant que le régime mis en place par la Constitution de 1958 (notamment grâce au scrutin* majoritaire aux élections législatives) ne le découvre, le fait majoritaire désigne de façon assez transparente l'existence d'une majorité à l'Assemblée, permettant de garantir une certaine stabilité gouvernementale. Mais cette stabilité est bien sûr fonction du type de majorité : si elle est absolue (la moitié des députés plus un, ce qui équivaut à l'heure actuelle à 289 députés), le Gouvernement est assuré de faire adopter son programme législatif sans encombre et sans risque de motion de censure* ; si elle est relative (un groupe à l'effectif nombreux se détache des autres sans pour autant atteindre plus de la moitié des députés, comme entre 1988 et 1993), il faudra au

Premier ministre lutter contre une convergence des oppositions*, quitte à avoir recours aux mécanismes hérités de la rationalisation du parlementarisme* (le 49.3* par exemple) ou à former un gouvernement* de coalition.

Quoique la Ve République puisse entretenir la confusion, le « fait majoritaire » n'est pas synonyme de concordance des majorités, notion qui renvoie à la situation institutionnelle dans laquelle la majorité parlementaire est de la même couleur politique que le Président de la République. À l'inverse, lorsque la majorité parlementaire (fait majoritaire) est d'une couleur politique opposée, il y a cohabitation*.

FONCTIONS DE L'ÉTAT

Analyser les fonctions de l'État, c'est dresser la typologie austère des activités exercées par les différents organes de l'État, soit en se fondant sur les finalités recherchées par ces organes (fonctions-fins), soit en les classant en catégories selon les moyens, les actes*, utilisés pour les exercer (fonctions-objets). Si l'approche finaliste a pour elle une plus grande clarté – l'État cherche à protéger sa population, à assurer son bien-être, etc. –, elle n'a qu'une maigre utilité pour le juriste qui, lui privilégiant l'approche matérielle, entend attacher à chaque fonction un régime juridique spécifique : par exemple, l'acte produit dans l'exercice d'une fonction législative sera insusceptible de recours devant les tribunaux de droit commun (hors cas du contrôle de conventionnalité*). En droit, élucider les fonctions revient donc à tailler des catégories d'actes selon leur nature.

Il est courant alors, en confondant l'organe et ses activités et en retenant une conception erronée de la « séparation des pouvoirs* », de ramasser l'ensemble des actes d'un organe au sein d'une même catégorie. Or l'approche matérielle permet de comprendre qu'un organe peut exercer différentes fonctions : l'Assemblée nationale exerce bien sûr la fonction législative lorsqu'elle vote la loi, mais elle exerce une fonction que l'on qualifierait plutôt d'administrative quand elle adopte son règlement par voie de résolution, et elle peut encore, si elle était amenée à se constituer avec le Sénat en Haute Cour pour destituer le président, exercer une fonction juridictionnelle.

Pourtant, ce triptyque fonction législative, fonction juridictionnelle, fonction administrative (ou exécutive) n'épuise pas ou épuise mal l'ensemble des activités de l'État, pour au moins trois raisons. La première, la plus évidente : toutes les actions internationales de l'État (les traités, les déclarations de guerre, etc.) sont passées sous silence et n'entrent dans aucune des trois catégories, alors qu'elles constituaient chez John Locke, le père de la théorie des fonctions, la « fonction fédérative ». La deuxième tient à ce que la mystérieuse « fonction juridictionnelle », confondue avec la fonction exécutive chez Locke, Montesquieu et Rousseau, ne repose sur aucun critère précis : l'acte juridictionnel (octroyer un droit, imposer une obligation, reconnaître une situation) se distingue mal des activités de l'administration. Enfin, si la fonction législative est bien caractérisée par les actes-règles (généraux et impersonnels), la fonction administrative, elle, est une catégorie résiduelle définie par la négative et embrassant tout ce qui reste de l'activité étatique une fois retranchées la législation et la juridiction. On peine à concevoir qu'une opération de police, la nomination d'un préfet ou l'octroi d'une allocation relèvent d'une même et unique catégorie – et la « fonction gouvernementale », inventée pour sauver l'édifice, ne convainc pas davantage… (→ Gouvernement, acte de)

GERRYMANDERING

Une affaire de salamandre (*salamander*) et de gouverneur américain peu scrupuleux (Elbridge Gerry) a permis de forger ce terme au début du XIXᵉ siècle pour désigner un découpage de circonscriptions électorales fantaisiste (en forme de salamandre, en l'espèce) permettant d'avantager un parti politique. Car, le droit électoral étant inévitablement politique, sur un territoire donné où le parti X domine, il suffit de quelques coups de ciseaux bien sentis pour donner la victoire au parti Y. En France, s'agissant de délimitation des circonscriptions législatives et de la répartition des sièges de députés ou de sénateurs, la révision constitutionnelle de 2008 a inséré un dernier alinéa à l'article 25 de la Constitution, qui prévoit qu'une commission indépendante rende un avis public sur ces redécoupages, commission dont l'organisation et le fonctionnement sont détaillés aux articles L567-1 du Code électoral.

GOUVERNEMENT

Organe collégial conçu comme une émanation de la chambre basse dans les régimes parlementaires*, susceptible de voir sa responsabilité politique mise en cause par une motion de censure*, le Gouvernement est une autre curiosité linguistique du droit constitutionnel : rattaché à la branche exécutive, composé des ministres* (du latin *ministri*, « serviteurs ») choisis par le Premier d'entre eux, il n'en a pas moins la prétention d'être le pilote qui tient le « gouvernail » du pays (*gubernator*), mettant en œuvre son programme législatif grâce au soutien de sa majorité (→ Fait majoritaire). Que celle-ci soit absolue, reposant sur un seul et même parti, le Gouvernement est alors dit « homogène et majoritaire » ; qu'elle soit fragile, relative, qu'il faille au Premier ministre composer avec plusieurs partis au Parlement pour atteindre l'absolu, le Gouvernement accueillera des membres de ces partis pour former une « coalition ». Mais la France de la Ve République, à la faveur de la présidentialisation*, soucieuse de donner une juste signification aux mots, a redonné aux ministres du Gouvernement leur sens propre : nommés par le Président de la République sur proposition du Premier ministre (art. 8), lui-même révocable *ad nutum* par le chef de l'État (→ Conventions de la Constitution), parties prenantes d'un Gouvernement responsable devant une majorité parlementaire qui n'est autre que la majorité présidentielle, les ministres sont effectivement redevenus des serviteurs, non de la représentation nationale certes, mais du Président de la République.

GOUVERNEMENT (ACTE DE)

De la même manière que, dans certains cas, « juger l'administration, c'est encore administrer » (Henrion de Pansey), de même juger le gouvernement – la haute administration ne fait pas qu'administrer (→ Fonctions de l'État) –, c'est inévitablement encore gouverner. Et pour remédier à cette difficulté qui porterait atteinte au principe de séparation des pouvoirs*, en autorisant le juge à s'immiscer dans l'exercice d'une fonction dévolue au pouvoir exécutif, les ordres juridiques réservent à cette catégorie d'actes – les *political questions* dans le monde anglo-saxon, les actes de gouvernement en France – une immunité de juridiction peu propre à apaiser les thuriféraires de l'État de droit* : les juges qui sont amenés à connaître de ces actes doivent rendre une déclaration d'incompétence.

En France, après l'abandon de l'ambigu « mobile politique » (CE, 1875, *Prince Napoléon*), selon lequel les actes qui auraient une nature « politique » échapperaient à tout contrôle devant les tribunaux, la doctrine de l'acte de gouvernement a été délaissée au profit d'un simple constat jurisprudentiel : l'observation des décisions d'incompétence suggère que les actes de gouvernement relèvent soit de l'ordre interne, lorsqu'ils portent sur les rapports qu'entretiennent les pouvoirs publics entre eux, soit de l'ordre international, lorsqu'ils concernent principalement les relations diplomatiques de la France. Mais s'il est difficile d'identifier matériellement l'acte de gouvernement et la fonction gouvernementale, peut-être tout bonnement ce « monstre » (Chapus) « introuvable » (Virally) n'existe-t-il pas et ne sert-il que d'épouvantail pour masquer l'ampleur des autres fonctions exercées par l'Exécutif. Après tout, le dépôt d'un projet de loi n'est-il pas moins un acte de gouvernement dans l'ordre interne qu'un acte par lequel l'Exécutif participe à la fonction législative ? Et loin d'être un acte de gouvernement dans l'ordre international, le refus d'engager des troupes dans une opération extérieure ne traduit-il pas davantage l'exercice de fonctions internationales qu'il s'agirait de détourer du massif des fonctions étatiques ?

GRÂCE… ET AMNISTIE

Marque de souveraineté selon le jurisconsulte Jean Bodin au XVIe siècle, elle-même dérivée de la « prérogative royale » qui permettait au roi de suspendre l'application des lois, la grâce est l'acte par lequel le chef de l'État soit dispense un condamné d'exécuter tout ou partie de sa peine, soit commue cette peine en une peine moins lourde. En France, si ce droit est bien l'apanage du Président de la République, au titre de l'article 17 de la Constitution, la révision constitutionnelle de 2008 limite désormais son exercice aux seules grâces individuelles, après que, dans les années 1990, les présidents eurent pris l'habitude de prononcer des grâces collectives massives à chaque 14 Juillet.

À la différence de la grâce, l'amnistie efface les condamnations prononcées (art. 133-9 Code pénal) et interdit à toute personne, qui en aurait connaissance dans l'exercice de ses fonctions, d'en rappeler l'existence. Théoriquement, le droit d'amnistier appartient au Parlement (art. 34 de la Constitution), mais il est davantage exercé, en pratique, par le Président : ce dernier peut faire adopter une loi d'amnistie à chaque élection présidentielle (la coutume s'est perdue après 2002) à l'instar des amnisties collectives relatives aux infractions au Code de la route ; mais il peut encore prononcer des amnisties individuelles pour des catégories de personnes déterminées par la loi (celle n° 2002-1062 ainsi) – étrange délimitation, au reste, qui voit se côtoyer sportifs de haut niveau et résistants dont l'un des ascendants est mort pour la France…

HIÉRARCHIE DES NORMES

Du haut de la pyramide des normes, c'est l'héritage pesant de Kelsen qui domine l'étude du droit constitutionnel. Selon sa trop fameuse théorie, la validité de chaque norme* de rang inférieur est conditionnée par sa conformité à une norme de rang supérieur. L'ensemble du système – normes de rang inférieur et normes de rang supérieur – composerait un ordre de contrainte, un ordre juridique hiérarchisé, à la base ample (le grand nombre des actes individuels) et au sommet escarpé (la solitude des rares dispositions de la Constitution*) : telle est la raison pour laquelle la hiérarchie des normes chez Kelsen prend des airs de pyramide. S'agissant de la France, entre ces deux extrêmes se logent, par ordre décroissant, les conventions internationales (→ Conventionnalité), les lois*, les principes généraux du droit*, les actes réglementaires (→ Pouvoir réglementaire), et enfin les actes individuels.

Deux curiosités méritent néanmoins d'être signalées. La première tient à la catégorie spécifique des lois dites « organiques » (→ Lois), lesquelles prolongent les dispositions constitutionnelles, et dont la place dans la hiérarchie* des normes pouvait faire débat avant que le Conseil d'État ne les situe en dessous des conventions internationales (CE, 2016, *Blanc*). La seconde tient à l'intégration de l'ordre juridique français à des ordres juridiques « englobants », à l'instar de l'Union européenne ou de l'ordre de la Convention européenne des droits de l'homme, qui comportent eux aussi des « normes fondamentales », appelées à produire leurs effets sur le territoire français : cette imbrication des ordres juridiques a pour conséquence, selon certains, de substituer à la traditionnelle structure pyramidale une structure des normes en réseau (Ost, Kerchove).

IDENTITÉ CONSTITUTIONNELLE

Par cette curieuse formule lâchée au mois de juillet 2006 – « identité constitutionnelle de la France » (décision n° 2006-540 DC, *DADVSI*) –, au sujet du contrôle de constitutionnalité des lois de transposition des directives de l'Union européenne, prolongeant ainsi la solution de sa décision n° 2004-496 DC, le Conseil constitutionnel semble avoir actualisé l'ambiguë question de la supra-constitutionnalité*. Les termes du problème sont complexes : la France ayant approuvé le traité de Maastricht, la Constitution de 1958 a été modifiée en 1992 pour accueillir un article 88-1 aux termes duquel, dans sa rédaction actuelle, « la République participe à l'Union européenne » ; au sein du droit de l'Union européenne, à côté des règlements qui fixent des obligations de moyens et de résultat, coexistent des « directives » qui, posant seulement une obligation de résultat, laissent aux États membres le choix des moyens pour y parvenir, à charge pour eux de les « transposer » en droit interne.

Lorsque cette transposition prend la forme d'une loi et que cette loi est déférée au Conseil constitutionnel, que peut faire le juge constitutionnel ? Déclarer inconstitutionnelles certaines de ses dispositions reviendrait à écarter indirectement un acte du droit de l'Union européenne, et à méconnaître ainsi, selon le Conseil lui-même, l'exigence constitutionnelle de transposition des directives qui découle de l'article 88-1. Inversement, refuser de les contrôler conférerait à ces dispositions une immunité constitutionnelle remettant en cause la suprématie de la Constitution dans l'ordre interne. Entre ces deux options, le Conseil constitutionnel a opté pour une voie moyenne dans la décision précitée : il refuse d'exercer un contrôle de constitutionnalité, et *a fortiori* de déclarer inconstitutionnelle une disposition législative transposant une directive, sauf si elle porte atteinte à « un principe inhérent à l'identité constitutionnelle de la France ».

Il y aurait donc des principes, dans la Constitution, dotés d'une force supérieure au reste, capables de faire échec à l'exigence constitutionnelle de transposition des directives. Nimbés d'un halo de mystère, ces principes à l'état latent n'ont pas encore – s'ils le sont jamais – été révélés par le Conseil constitutionnel…

IMPEACHMENT

À peine élu Président des États-Unis en 2018, Donald Trump faisait immédiatement l'objet de menaces d'*impeachment*, menaces mises à exécution en septembre 2019 et actualisant cette procédure particulière permettant à la Chambre des représentants de mettre en accusation le Président, le Vice-Président et les hauts fonctionnaires, appelés à être jugés devant le Sénat, à la majorité des deux tiers des voix, pour « trahison, corruption ou autres crimes et délits majeurs » (art. II, sect. 4). Acquitté le 5 février 2020, Trump figure désormais dans cette maigre liste des tentatives d'*impeachment* qui ne compte aucun président condamné, au côté d'Andrew Johnson (1868) et de Bill Clinton (1999) – Richard Nixon, à la suite du scandale du *Watergate*, préféra démissionner en 1974 avant la mise en accusation.

Procédure juridictionnelle politique (les juges sont des membres du Congrès), peine également politique (destitution, interdiction d'occuper des fonctions publiques), mais incriminations colorées de droit pénal (notamment les « autres crimes et délits majeurs »), la responsabilité* mise en cause dans le cadre de ce mécanisme est on ne peut plus équivoque, et cette ambiguïté tient à ce que l'*impeachment* américain est avant tout un produit importé d'Angleterre au XVIIIe siècle, mais qui n'a pourtant pas connu la même évolution que son homologue anglais : alors qu'en Angleterre l'*impeachment*, procédure pénale progressivement détournée à des fins politiques, déclina à mesure qu'émergeait un véritable régime parlementaire* accompagné des techniques de mise en cause de la responsabilité politique du Gouvernement, l'*impeachment* américain est resté, lui, cantonné à la mise en cause d'une responsabilité pénale dans son fondement, mais parfois soulevée opportunément pour des mobiles politiques (abus de pouvoir, obstruction au Congrès). Il eût donc fallu d'un rien, peut-être, pour que l'*impeachment* devînt outre-Atlantique une procédure d'« empêchement » politique et pour que le régime présidentiel* américain muât en régime parlementaire.

INCOMPATIBILITÉ

En bonne logique parlementaire (→ Parlementaire, régime), si le Gouvernement* est une émanation du Parlement – un cabinet d'exécutants responsables devant la représentation nationale –, l'évidence voudrait que les ministres soient aussi des députés. Tel est le cas chez la mère des Parlements… mais tel n'est pas le cas en France (en Belgique, en Norvège, aux Pays-Bas et en Suède non plus) où l'article 23 de la Ve République dispose que « les fonctions de membre du Gouvernement sont incompatibles avec l'exercice de tout mandat parlementaire ». Bronca chez les juristes lorsque la disposition fut adoptée en 1958 : « l'incompatibilité du mandat parlementaire et des fonctions ministérielles est contraire à la notion de régime parlementaire » (Prélot) si bien que la Ve République naissante fut regardée comme un « régime parlementaire incomplet » (Rivero).

L'affaire, d'une importance majeure, est vieille comme la Révolution. Mirabeau déjà, qu'on souhaitait écarter des fonctions ministérielles, s'émouvait en 1789 qu'on puisse « sérieusement faire décider que l'élite de la nation ne peut pas renfermer un bon ministre ». L'incompatibilité fut pourtant retenue de manière assez cohérente, puisque en l'absence de droit de dissolution et de responsabilité politique des ministres clairement affirmée (→ Moyens d'action), la Constitution de 1791 se donnait des airs de régime présidentiel*.

Toutefois, à mesure que s'installa le régime parlementaire en France au XIXe siècle, la règle de la compatibilité prit naturellement le dessus : les hommes de la IIIe République cherchaient à se faire élire députés, les députés espéraient une promotion en devenant ministres, et les ministres tentaient tant bien que mal de se maintenir en place, malgré la concurrence des collègues. Naquit alors une véritable

« profession parlementaire » (Tardieu) qui entretint l'instabilité gouvernementale : « avec les ministres pris dans les Chambres, trop de ministrables, trop peu de ministrés, et pour qu'il y en ait davantage, trop de chutes de ministères [...]. Trop de politique – si cela n'est pas tout bonnement de l'intrigue – [...] trop peu de travail » (Charles Benoist).

C'est dire qu'en 1958, les esprits étaient prêts à accepter, au nom du principe de séparation des pouvoirs – et d'un certain antiparlementarisme –, l'incompatibilité totale des fonctions. Le député devenu ministre devait abandonner son mandat parlementaire au profit de son suppléant. Mais – profession parlementaire oblige – à l'issue de ses fonctions de membre du Gouvernement, l'ex-ministre pouvait demander à son suppléant de démissionner pour provoquer des élections partielles et retrouver ainsi son mandat parlementaire. La révision du 23 juillet 2008 a mis fin à ce jeu de Tartuffe : désormais la suppléance est temporaire (art. 25) et le parlementaire ancien ministre retrouve son mandat à l'expiration d'un délai d'un mois après son départ du Gouvernement (cf. décision 2008-572 DC).

INCONSTITUTIONNALITÉ

Saisi d'une disposition législative, le Conseil constitutionnel est amené à contrôler la « constitutionnalité externe » – l'incompétence, qu'elle soit positive (le Législateur excède sa compétence) ou négative (le Législateur n'épuise pas la compétence qu'il détient de la Constitution) ainsi que les vices de procédure – et, bien sûr, la « constitutionnalité interne », c'est-à-dire principalement la violation des droits et libertés inscrits au sein du bloc de constitutionnalité* (→ Constitution). Au terme de ce contrôle, le Conseil pourra alors rendre quatre types de décisions : une déclaration de conformité totale (la loi, dans son ensemble, est constitutionnelle), une déclaration de conformité partielle (certaines dispositions de la loi sont déclarées non conformes à la Constitution), une déclaration de conformité avec réserves d'interprétation (la disposition est déclarée conforme *sous réserve* d'une signification que lui attribue le Conseil constitutionnel) ou une déclaration de non-conformité totale. Une telle disposition déclarée inconstitutionnelle ne peut être promulguée (contrôle *a priori*) ou est abrogée à compter de la publication d'une décision de QPC – l'article 62 laissant toutefois au Conseil constitutionnel la possibilité de moduler dans le temps les effets de ses décisions. Nanti d'une déclaration d'inconstitutionnalité, un requérant peut désormais engager la responsabilité de l'État du fait de l'application, à sa situation, d'une loi inconstitutionnelle (CE, 24 décembre 2019, *Société Paris Clichy*).

Si le contrôle juridictionnel des lois a pu susciter tant de controverses – ainsi de celle, célèbre, opposant Schmitt et Kelsen en 1931 sur la question du « gardien de la Constitution » –, c'est qu'une décision de non-conformité, neutralisant ou s'immisçant dans l'expression supposée de la volonté générale, est loin d'être anodine, singulièrement dans le pays du légicentrisme. Les formules classiques, selon lesquelles le juge constitutionnel serait l'homme qui « a le droit à la gomme, pas au crayon » (Vedel), ou à tout le moins serait un « aiguilleur » (Favoreu) indiquant au Législateur que sa mesure ne peut être prise que par voie de révision de la Constitution, ne rendent qu'imparfaitement compte de la participation du gardien de la Constitution à la fonction législative : lorsqu'il rend une décision de conformité totale (pouvoir de sanction), une décision de non-conformité totale ou une décision de non-conformité partielle (droit de veto* et d'*item* veto), le Conseil fait figure de colégislateur négatif ; lorsqu'il rend une décision de conformité avec réserves, le Conseil s'apparente alors pleinement à un colégislateur positif.

JUGE

En France, spécificité nationale, en dehors du Conseil constitutionnel, le « juge » renvoie en réalité à deux ordres de juridictions : l'*ordre judiciaire*, qui regroupe les matières civiles et pénales, et l'*ordre administratif*, chargé de juger les litiges – pour le dire vite – opposant l'administration aux administrés. Au sein de chaque ordre, on retrouve les « juges du fond » – les tribunaux judiciaires et les tribunaux administratifs, en première instance, suivis, un cran au-dessus, des cours d'appel et cours administratives d'appel –, le tout chapeauté par deux hautes juridictions, deux Cours suprêmes*, qui ont essentiellement une fonction de cassation et d'unification de la jurisprudence de leur ordre respectif : la Cour de cassation pour l'ordre judiciaire et le Conseil d'État pour l'ordre administratif.

Mais à quoi sert un juge ? Troisième pouvoir qui rivalise pour la première place, rappelant ainsi la crainte d'un « gouvernement des juges » (Lambert), le pouvoir juridictionnel n'est plus tout à fait, s'il le fut jamais, « la bouche qui prononce les paroles de la loi » (Montesquieu) : le syllogisme, selon lequel le juge tire sa décision (conclusion) d'une règle de droit (majeure) sous laquelle il subsume des faits (mineure), ne résiste pas à un examen réaliste de son office. D'une part, s'il lui est certes benoîtement interdit de rendre des arrêts de règlement (art. 5, Code civil), il ne saurait, sans se rendre « coupable de déni de justice », refuser de juger « sous prétexte du silence, de l'obscurité ou de l'insuffisance de la loi » (art. 4, Code civil) : il est donc lui aussi, le juge, une machine à créer des règles (la « jurisprudence »). D'autre part, l'opération de subsomption, c'est-à-dire la qualification juridique des faits, est avant tout une opération d'interprétation : interprétation des faits, bien sûr, puisqu'« il n'y a pas de faits, seulement des interprétations » (Nietzsche), mais interprétation de la règle de droit elle-même. Il y a donc du jeu, du discrétionnaire, dans ce syllogisme d'apparence rigide : cet objet n'est pas une arme, mais peut-il, dans les circonstances de l'espèce, être subsumé sous la catégorie des « armes par destination » ? Et si tel est le cas, l'affaire caractérise-t-elle alors un cas de violences volontaires avec arme ?

LIBERTÉ, ÉGALITÉ, FRATERNITÉ

… Ou la Mort ! Mais la seconde branche de l'alternative, présente sous la Révolution française, s'est perdue en 1848, sous la IIe République, lorsque la devise fut constitutionnalisée. Elle n'est pas non plus réapparue sous la IIIe, lorsqu'elle s'inscrivit durablement, à partir des années 1880, sur les frontons des mairies et des écoles, et dans le paysage mythique de la France.

Paysage mythique ? Juridique désormais, puisque le Conseil constitutionnel est amené à contrôler et à déclarer non conformes à la Constitution les dispositions législatives qui porteraient atteinte à ces trois principes. À la liberté, dont on ne compte plus les hypostases (individuelle, d'aller et venir, d'expression, de manifestation, etc.), et qui trouve son fondement général aux articles 2 et 4 de la Déclaration des droits de l'homme de 1789. À l'égalité, visée entre autres aux articles 6 et 13 de la Déclaration, et qui se décline elle-même en une myriade de principes (devant la loi, devant l'impôt, devant les charges publiques, devant le service public, devant le suffrage). Et à la fraternité qui, dépourvue de tout fondement en dehors de l'article 2 de notre Constitution, lequel dispose « La devise de la République est "Liberté, Égalité, Fraternité" », a été élevée en 2018 au rang de principe constitutionnel à la faveur d'un montage dont seul le Conseil constitutionnel a le secret (décision n° 2018-717/718 QPC). À ce prix-là, osent ajouter les mauvaises langues, certains préféreraient peut-être la mort…

LOI

Expression de la volonté générale, acte souverain par excellence dans les systèmes légicentristes hérités du contrat social*, la loi peut se définir, d'un point de vue *organique*, comme l'acte voté par le Parlement* ou, d'un point de vue *matériel*, comme une disposition générale (elle a vocation à s'appliquer tout le temps) et impersonnelle (elle a vocation à s'appliquer à tous). Son histoire, durant les deux siècles de contemporanéité, fut celle d'un déclassement, d'une concurrence toujours croissante des autres règles, et d'une dénaturation.

D'un déclassement tout d'abord, car au légicentrisme s'est progressivement substitué le constitutionnalisme (→ Constitution), cheminant au bras de la hiérarchie des normes* et de l'État de droit* : derrière la Constitution et les traités internationaux, la loi est ravalée au troisième rang des règles, et ses dispositions peuvent donc être écartées au terme d'un contrôle de constitutionnalité* ou d'un contrôle de conventionnalité*.

D'une concurrence ensuite, car outre les stipulations des traités internationaux, il est d'autres organes que le Parlement qui adoptent des dispositions législatives au sens matériel du terme : l'Exécutif par l'exercice du pouvoir réglementaire*, mais aussi les juges* lorsque, faisant œuvre de jurisprudence, ils posent dans leurs motifs des règles générales et impersonnelles qui seront, elles aussi, appelées à s'appliquer aux justiciables.

D'une dénaturation enfin, car la loi est devenue *les lois*, catégorie disparate, aux éléments soumis à des régimes différents, et dont on dénombre, entre autres exemples : les *lois organiques*, dont la procédure d'adoption est régie par l'article 46, qui viennent compléter la Constitution et auxquelles les lois ordinaires doivent être conformes ; les *lois de finances* – le budget – soumises à la procédure de l'article 47 ; les *lois de programmation*, qui déterminent les objectifs de l'action de l'État et qui, à ce titre, ont la particularité d'être dépourvues de la portée normative qui s'attache en principe à la loi, mais qui, prévues par la Constitution, n'en sont pas pour autant inconstitutionnelles (décis. n° 2005-512 DC), à l'inverse des lois dites « mémorielles » (→ Résolution).

MANDAT IMPÉRATIF, MANDAT REPRÉSENTATIF

Il faut relire les fines arguties juridiques dans lesquelles a tourné l'évêque d'Autun – l'impayable Talleyrand-Périgord – quelques jours à peine avant le 14 juillet 1789 pour saisir tout l'enjeu de cette disposition qui scande l'histoire constitutionnelle française, et que l'on retrouve désormais à l'article 27 de notre Constitution : « Tout mandat impératif est nul. » À la fin de ce mois de juin 1789, après l'épisode de « la volonté du peuple » et de « la force des baïonnettes », qui vit les États généraux se constituer en Assemblée nationale, nombreux sont encore les députés à exciper de leur mandat, cet acte par lequel le « mandant » donne compétence au « mandataire » pour agir en son nom, afin de refuser de se prononcer sur telle ou telle question, de se retirer si telle opinion est adoptée ou de faire prévaloir, sur la leur, la volonté de leurs commettants. Qu'à cela ne tienne ! Expliquant que les bailliages, dans lesquels sont désignés les députés, ne sont que les parties d'un tout, et que ce tout forme la nation, Talleyrand démontre que ces députés ne sont nullement des *mandataires* liés par la volonté de leurs mandants, mais des *représentants* censés exprimer la volonté de la nation : dans ces conditions, les mandats peuvent certes être limités dans le temps et quant à leur objet, mais « tous les mandats impératifs sont radicalement nuls ». Il n'en fallait pas plus pour qu'en septembre la nature du régime soit tranchée et que le « gouvernement représentatif » (Sieyès), fondé sur cet oxymore qu'est le « mandat représentatif », soit préféré à la démocratie, qui suppose l'exercice direct de la fonction législative ou, à tout le moins, un système de mandats impératifs exigeants.

C'est donc la question de la volonté qui est au cœur de la distinction entre le mandat impératif (député lié à la volonté de ses électeurs) et le mandat représentatif (député délié de cette même volonté). Comment, sur ce point, ne pas être en accord avec Rousseau, selon qui « le pouvoir peut bien se transmettre, mais non pas la volonté » ? De fait, si le souverain peut dire « je veux actuellement ce que veut un tel homme, ou du moins ce qu'il dit vouloir », ce qui ressemble au mandat impératif, il ne peut pas dire, ce qui ressemblerait au mandat représentatif, « "ce que cet homme voudra demain, je le voudrai encore", puisqu'il est absurde que la volonté se donne des chaînes pour l'avenir ». De là la formule assassine du citoyen de Genève : « Le peuple anglais pense être libre, il se trompe fort ; il ne l'est que durant l'élection des membres du Parlement : sitôt qu'ils sont élus, il est esclave, il n'est rien. »

Certes, Rousseau plaçait la souveraineté dans la volonté générale tandis que le régime représentatif la loge astucieusement dans la nation : la volonté du peuple peut bien être trahie, mais qui pourrait dire que celle de la nation est bafouée, sinon la nation* elle-même, entité abstraite et collective qui ne parle, précisément, que par la voix de ses députés… ?

MIDTERM

Le mandat du Président américain s'étendant sur quatre années, celui des sénateurs sur six, celui des représentants sur deux, arrive nécessairement l'instant où doivent être renouvelés l'ensemble des 435 représentants et un tiers des 100 sénateurs, et ce renouvellement a lieu à l'occasion des *midterm elections*, c'est-à-dire au beau milieu du mandat présidentiel. L'enjeu est colossal : dans ce régime de *checks and balances**, où le Congrès peut potentiellement empêcher à peu près toutes les fonctions du Président, le moindre changement de majorité est susceptible de compliquer sérieusement les deux dernières années de son mandat. Comment « gouverner » lorsque, à l'instar de Barack Obama, les *midterm* vous font perdre d'abord la Chambre des représentants (2010), puis le Sénat (2014) ? C'est là, dans ces périodes, que se révèle une autre facette de l'exercice du pouvoir aux États-Unis : le jeu de la coordination, qui prévaut lorsque le Président contrôle le Congrès et qu'il imite les chefs de Gouvernement des régimes parlementaires, laisse place au *bargaining power*, au pouvoir de négociation. Le Congrès veut-il promptement adopter une loi qui déplairait au Président ? La menace de veto* suffit à ouvrir la table des négociations et à trouver un terrain d'entente. Le candidat pressenti à telle ou telle nomination risque-t-il de ne pas recevoir l'approbation du Sénat ? Un autre nom moins polémique est suggéré.

MINISTRE

Constitutionnellement, à tout le moins sous la Ve République, le ministre n'existe pas ou peu, caché qu'il est derrière le principe de collégialité gouvernementale et tenu de parler à l'unisson en suivant la voix du Premier ministre. Pourtant, après leur nomination par le Président de la République (art. 8), chaque « membre du Gouvernement » voit ses attributions fixées par un décret qui définit le « périmètre » de son ministère. En dehors des aspects politiques dans ses rapports avec le Parlement, c'est au sein de ce périmètre que le ministre exerce ses compétences d'autorité administrative : ordonnateur principal, il exécute le budget qui lui est alloué par la loi de finances, en appréciant l'opportunité d'une dépense ou en constatant l'existence d'une recette ; chef de service, il dispose d'un pouvoir de nomination, d'un pouvoir hiérarchique et d'un pouvoir disciplinaire sur ses agents, ainsi que d'un pouvoir réglementaire, soit sur délégation du Premier ministre, soit en propre s'il s'agit précisément de mesures relatives à l'organisation du service (CE, 1936, *Jamart*).

Le terme même de « ministre » recouvre une réalité assez diverse : certains se voient affublés de la qualité honorifique de « ministre d'État », tandis que d'autres doivent se contenter d'être « secrétaire d'État » ou « ministres délégués » auprès d'un ministre de plein exercice. La différence peut avoir son importance : non seulement les ministres délégués et les secrétaires d'État n'assistent pas nécessairement à tous les Conseils des ministres, mais leur contreseing n'est pas requis (sauf, pour les secrétaires d'État, s'ils disposent d'une autonomie administrative).

Reste que « le » ministre désigne plus prosaïquement un ministère et l'ensemble de l'appareil administratif qui lui est attaché : les imposantes administrations centrales (les « directions », à l'instar de la direction générale du Trésor pour le ministère des Finances, ou la direction générale de l'enseignement scolaire, pour le ministère de l'Éducation) mais aussi, à la frontière de l'administratif et du politique, le cabinet ministériel, qui regroupe les proches collaborateurs du ministre sous l'autorité du « dir' cab' ».

MOTION DE CENSURE

Résolution par laquelle, dans un régime parlementaire*, la chambre basse met en cause la responsabilité politique du Gouvernement, le contraignant à démissionner, la motion de censure, ou motion de défiance, est la technique davantage formalisée qui a pris la suite des « interpellations » et autres « ordres du jour motivés » par lesquels les députés refusaient leur confiance aux ministres. Formalisée, car le plus souvent la procédure de la motion de censure s'inscrit dans une logique de rationalisation* du parlementarisme, afin d'éviter les trop récurrentes mises en cause de la responsabilité et l'instabilité gouvernementale qui en résulterait.

Ainsi, en France, le deuxième alinéa de l'article 49 de la Constitution organise quatre freins à l'adoption d'une telle motion, lesquels condamnent en réalité, dans le contexte politique actuel (→ Présidentialisation), ses chances de succès : la motion doit être signée par un dixième des députés ; le vote ne peut intervenir que quarante-huit heures après son dépôt ; seuls sont recensés les votes favorables à la motion ; et la motion doit être adoptée à la majorité des membres (et non des voix) composant l'Assemblée. Rivalisant d'ingéniosité, certaines Constitutions ont encore aménagé d'autres techniques pour garantir la stabilité gouvernementale tout en conservant un (semblant d')esprit parlementaire : la Loi fondamentale allemande, par exemple, prévoit un mécanisme de « motion de défiance constructive » (art. 67) par laquelle le *Bundestag*, à la majorité de ses membres, exprime sa défiance au Chancelier fédéral… en élisant son successeur.

MOYENS D'ACTION RÉCIPROQUES

Les organes de l'État peuvent interagir les uns sur les autres de deux manières. Ils peuvent s'immiscer dans leurs activités respectives, dans leur « faire », c'est-à-dire dans leurs fonctions*, par faculté de statuer (droit d'initiative) ou par faculté d'empêcher (droit de veto), à l'instar des *checks and balances** du régime américain par exemple. Ils peuvent agir sur leur existence même, sur leur « être », en se révoquant ou en modifiant leur composition.

C'est à ce second mode que renvoie la notion de « moyens d'action réciproques », dont les deux plus célèbres représentants sont la motion de censure* et la dissolution*. On l'aura compris : puisque ces moyens organisent une interdépendance des organes et supposent une responsabilité politique du Gouvernement devant l'organe législatif, leur présence au sein d'une Constitution est un marqueur juridique du régime parlementaire*. De la réciprocité de ces moyens dépend bien souvent la stabilité du régime, comme en témoigne la désuétude du droit de dissolution sous la IIIe République, à la faveur de la « Constitution Grévy » : les interpellations répétées des parlementaires contre les ministres n'étaient plus contrebalancées par un autre mécanisme constitutionnel et provoquaient ainsi une instabilité gouvernementale chronique.

NATION

« Plébiscite de tous les jours », « principe spirituel » plongeant ses racines dans « la possession en commun d'un riche legs de souvenirs » et ouvrant ses bras au « désir de vivre ensemble, [à] la volonté de continuer à faire valoir l'héritage qu'on a reçu indivis » (Renan), la Nation serait à peu près indéfinissable sinon par l'émotion que peut susciter un certain sentiment d'appartenance, reliant le passé et l'avenir pour tisser une histoire commune, quitte à dépasser les contradictions : « Il est deux catégories de Français qui ne comprendront jamais l'histoire de France : ceux qui refusent de vibrer au sacre de Reims ; ceux qui lisent sans émotion le récit de la fête de la Fédération » (Bloch). Car *nascere*, « naître », c'est inévitablement « naître avec », grandir « dans un monde déjà ancien » (Hannah Arendt), sur un territoire donné, selon une culture donnée, partagée et enrichie grâce à une même langue, s'incarnant parfois dans une même entité politique (État-nation).

Mais les juristes – c'est chose connue… – ne font pas dans le sentiment, et pour eux la Nation est avant tout, selon la formule sèche, un être abstrait et collectif qui, à l'inverse du peuple, ne se résume pas à l'addition arithmétique des individus, et au sein duquel on loge la souveraineté* appelée à être exercée par des représentants dont le rôle est de « vouloir pour la nation ». Appartenir à la nation – avoir la nationalité –, que ce soit par le droit du sang (filiation de parents français), le droit du sol (naissance sur le territoire français de parents étrangers), le mariage ou la naturalisation, c'est acquérir les droits du citoyen, au premier rang desquels le droit d'élire et le droit d'être éligible aux fonctions et mandats publics.

NAVETTE

Un mot comme un prétexte, qui résume les méandres de la procédure législative ordinaire sous la Ve République. Après le dépôt d'une proposition (origine parlementaire) ou d'un projet (origine gouvernementale) de loi, précédé, s'il s'agit d'un projet, de l'avis du Conseil d'État et d'une « étude d'impact » (art. 39), le texte est renvoyé devant la commission* compétente. Une fois le travail en commission accompli et, en première lecture, après l'incompressible délai de six semaines devant la première assemblée saisie (quatre devant la seconde), le texte amendé par la commission peut être inscrit à l'ordre du jour* d'une séance publique.

Interviennent alors l'examen général, qui permet une présentation globale de la future loi, et l'examen détaillé article par article : les auteurs des amendements sont appelés à les défendre, le rapporteur de la commission ainsi que le ministre donnent leur avis, puis il est procédé au vote (à chaque amendement, à chaque article, enfin sur l'ensemble de la loi), le plus souvent à main levé (par « assis et levé » en cas de doute), et parfois plus solennellement au « scrutin public » (grâce aux boîtiers électroniques) – le parlementaire se prononce « pour », « contre » ou s'abstient. C'est là, à l'issue de l'adoption du texte par la première assemblée saisie, que démarre la navette, c'est-à-dire la transmission de la future loi d'une chambre à l'autre, « en vue de l'adoption d'un texte identique » (art. 45), qui est alors éventuellement transmis au Conseil constitutionnel* avant sa promulgation par le Président de la République*.

La navette risquerait toutefois d'être interminable, faute de texte identique, si la Constitution ne prévoyait certains mécanismes qui permettent soit de raccourcir le temps de trajet, soit d'anticiper le terminus. Raccourcir le temps de trajet, en dehors du « vote bloqué » (→ Amendement) et du 49.3*, c'est l'affaire du « temps législatif programmé » décidé par la conférence des présidents* – un volume horaire maximal pour l'examen d'un texte – et de la procédure accélérée*. Anticiper le terminus, c'est l'objet de la réunion d'une commission mixte paritaire (→ Commissions parlementaires) devant trouver un accord sur les dispositions restant en discussion : une telle « CMP » peut être réunie après deux lectures par le Premier ministre (projet de loi) ou conjointement par les présidents des assemblées (proposition de loi) – une seule lecture suffit en cas de procédure accélérée.

Enfin, après ce long périple, si la CMP échoue, le Gouvernement peut demander à l'Assemblée nationale de statuer définitivement… mais après une nouvelle lecture devant l'une et l'autre chambre.

NÉOCALÉDONIENNE

Ce n'est qu'indirectement que le terme, en droit constitutionnel français, renvoie à la collectivité territoriale *sui generis* du Pacifique sud régie par le titre XIII de la Constitution : la « néocalédonienne », dans le jargon, est un type de contrôle spécifique dégagé par le Conseil constitutionnel à l'occasion de la jurisprudence *Loi relative à l'état d'urgence en Nouvelle-Calédonie* de 1985 (décision n° 85-187 DC). Avant 2008 et l'introduction de la question prioritaire de constitutionnalité, étaient injusticiables, eussent-elles été inconstitutionnelles, les dispositions d'une loi qui aurait été promulguée sans avoir été contrôlée *a priori* par le Conseil constitutionnel, soit que cette loi ne lui ait pas été déférée, soit que la loi ait été adoptée avant 1958 et l'institution du Conseil, soit que le contrôle n'ait pas permis de révéler l'inconstitutionnalité (→ Constitutionnalité des lois). Pour remédier à cette difficulté, le Conseil a ainsi estimé, dans la décision précitée, que « la régularité au regard de la Constitution des termes d'une loi promulguée peut être utilement contestée à l'occasion de l'examen des dispositions législatives qui la modifient, la complètent ou affectent son domaine ». Plus simplement : le Conseil peut se saisir d'une loi promulguée au cours d'un contrôle de constitutionnalité portant sur une autre loi qui touche à son domaine. Jusqu'alors utilisée avec parcimonie, cette technique présente désormais un intérêt limité – purger le corpus législatif des quelques inconstitutionnalités restantes – depuis que tout justiciable peut, selon la procédure de QPC*, contester la constitutionnalité d'une disposition législative en vigueur (contrôle *a posteriori*).

NORMES

Mot plus chic, plus sérieux, plus à la mode que le pourtant plus prudent « règle », la norme est *stricto sensu* ce qui opère, chez un agent, la modification du comportement. Pour les normativistes, le lieu de la norme relève de l'évidence, puisqu'il s'agit de l'énoncé juridique lui-même, lequel s'insère dans une certaine « hiérarchie des normes* » : par son impératif, l'énoncé « Ne faites pas ceci » comporterait ainsi une norme prohibitive.

Pourtant, soucieux de ne pas tomber dans la caricature qui consisterait à prêter à de simples mots des bras et une force – et il en faut pour modifier des comportements ! –, c'est-à-dire une *signification*, certains « réalistes » admettent que la norme résulte plutôt de l'interprétation, laquelle serait non une opération de connaissance mais une opération de volonté. L'interprète allouerait une signification au texte. Et qui mieux que le juge pourrait interpréter des énoncés juridiques ? Mais, puisque l'interprétation du juge est elle-même un énoncé, sous couvert de changer de lieu (du texte à l'interprète), la norme ne fait en réalité que changer de texte (de la loi à la décision juridictionnelle).

Reste que tout le monde, pas seulement le juge, interprète : il est de simples avis qui sont reçus comme de véritables commandements parce qu'ils émanent d'une autorité reconnue (ainsi de ceux de l'Autorité des marchés financiers, CE, 2016, *Fairvesta*) ; il est de véritables lois, encore en vigueur, auxquelles on prête autant de sérieux qu'à une plaisanterie (ainsi de la disposition, abrogée en 2013, qui interdisait aux femmes, sauf bicyclette ou cheval, de porter un pantalon). C'est à croire que le texte, fût-il juridique, n'est qu'une composante parmi d'autres dans les phénomènes de normativité… (→ Acte juridique).

OBSTRUCTION

Il est mille et une manières de retarder l'adoption d'une loi, d'obstruer la procédure législative pour lutter contre la toute-puissance de la majorité (→ Fait majoritaire) : dépôt d'amendement* en grand nombre (et des sous-amendements qui vont avec), motions de procédure à répétition, invocation multiple de diverses irrecevabilités, demandes incessantes de suspension de séance, et autres techniques puisées dans les règlements des assemblées et instrumentalisées à des fins dilatoires.

Parmi ces mille et une manières, l'une ne peut manquer de retenir l'attention, qui consiste, pour l'orateur de l'opposition*, à prendre exemple sur Caton, qui passa une journée entière à parler devant le Sénat romain. *Filibuster*, comme l'on dit outre-Atlantique, c'est monopoliser la parole pour gagner du temps en espérant obtenir l'abandon du projet de loi, et à cet exercice certains détiennent des records : les fameuses vingt-quatre heures du sénateur Strom Thurmond aux États-Unis (1957) ou encore les plus modestes cinq heures de Christine Boutin à l'Assemblée nationale en France (1998).

Mais sous la Ve République, en dehors des possibilités offertes par le 49.3* et le vote bloqué*, ces techniques sont désormais entourées d'un certain nombre de garde-fous : la parole peut être maîtrisée grâce au temps législatif programmé (→ Navette) ; et le dépôt des amendements* doit intervenir avant l'examen du texte en séance publique. Il n'en reste pas moins que la qualification même d'« obstruction » relève assez largement de la rhétorique politique et médiatique : pour un député de la majorité, nécessairement, l'opposition ne « débat » pas, elle « obstrue ».

OPPOSITION

En bonne logique rousseauiste, si les « plus et les moins » doivent s'entredétruire pour former la volonté générale (→ Contrat social), il ne peut y avoir d'opposition, c'est-à-dire de groupes luttant contre la voix de la majorité, puisque se forgerait alors une volonté particulière mue par un intérêt particulier souhaitant – en reprenant la formule marxiste – l'universaliser en intérêt général. Mais ce qui vaut pour la démocratie* ne vaut pas nécessairement pour le régime représentatif, et il est salutaire qu'à une majorité détenant les principaux pouvoirs de l'État (→ Présidentialisation) s'opposent des groupes politiques à qui la Constitution réserve de maigres droits : l'article 4, qui dispose que « la loi garantit les expressions pluralistes des opinions et la participation équitable des partis et groupements politiques à la vie démocratique de la Nation » ; l'article 48, qui réserve un jour de séance par mois à un ordre du jour* fixé par les groupes majoritaires et les groupes minoritaires ; et surtout l'article 51-1, qui impose aux règlements des assemblées de reconnaître des droits spécifiques aux groupes d'opposition et aux groupes minoritaires.

Ce sont dans ces règlements que l'on trouve à la fois la définition de l'« opposition » (un groupe s'étant déclaré comme tel auprès de la présidence de la chambre) et de la « minorité » (les groupes qui ne se sont pas déclarés dans l'opposition, à l'exception du plus nombreux d'entre eux) et à la fois les droits qui sont attachés à ces groupes. On relève ainsi, parmi les exemples les plus symptomatiques du règlement de l'Assemblée nationale, qu'un poste de questeur est réservé à un député membre d'un groupe d'opposition, tout comme la présidence de l'importante commission des finances, et qu'un « droit de tirage » permet aux présidents des groupes d'opposition ou minoritaires d'obtenir, de droit, la création au cours d'une session* parlementaire soit d'une commission d'enquête, soit d'une mission d'information (→ Commissions parlementaires).

ORDONNANCES

Ni celles du médecin ni celles du roi de l'ancienne France, pas plus que celles du juge des référés statuant en urgence pour prendre des mesures provisoires, les ordonnances de l'article 38 de la Constitution renvoient à la notion de délégation législative par laquelle le Parlement se défait, pour un temps et dans des matières limitées, de son pouvoir de faire la loi au profit de l'Exécutif. Héritière des décrets-lois de la IIIe République, condamnée sous la IVe, la pratique de la délégation législative permet au Gouvernement, après le vote d'une loi d'habilitation, de prendre par lui-même des mesures relevant du domaine de la loi, à charge pour le Parlement de les ratifier ensuite. Une subtilité notable toutefois : les ordonnances avant ratification ont valeur réglementaire et peuvent, à ce titre, être déférées au juge administratif, mais elles ont valeur législative après leur ratification, et sont alors insusceptibles de recours (CE, 1961, *Fédération nationale des syndicats de police*) en dehors de la procédure de QPC*. Raffinant dans les sinuosités contentieuses, le Conseil constitutionnel a encore admis qu'à l'expiration du délai d'habilitation, les dispositions d'une ordonnance non ratifiée, relevant du domaine de la loi, pouvaient toutefois être contestées devant lui, par voie de QPC, lorsque sont en cause des droits et des libertés garantis par la Constitution (décision n° 2020-851/852 QPC).

Travail en commission supprimé, navette sacrifiée, Parlement dessaisi, le gain de temps est considérable. Trop peut-être, au regard des facilités législatives dont jouit d'ores et déjà l'Exécutif (→ Pouvoir réglementaire ; → Présidentialisation) et du recours excessif à ces délégations, en particulier depuis le début des années 2000 : le nombre d'ordonnances rejoint, voire dépasse, le nombre total de lois adoptées selon la procédure ordinaire. Malgré le correctif institué par la révision constitutionnelle de 2008, dont le but – coup d'épée dans l'eau – était de mettre fin à la pratique des ratifications implicites, selon laquelle l'ordonnance était réputée ratifiée si le Parlement en modifiait l'une des dispositions, le contrôle qui pèse sur la procédure des ordonnances reste discret : tout au plus le Conseil constitutionnel estime-t-il que l'article 38 « n'impose pas au Gouvernement de faire connaître au Parlement la teneur des ordonnances qu'il prendra en vertu de cette habilitation », mais fait toutefois « obligation au Gouvernement d'indiquer avec précision au Parlement, afin de justifier la demande qu'il présente, *la finalité des mesures* qu'il se propose de prendre par voie d'ordonnances, ainsi que *leur domaine d'intervention* » (décision n° 99-421 DC).

ORDRE DU JOUR

Maître-mot de l'organisation du travail parlementaire caché derrière ce qui semble être une « opération de médiocre importance » (Eugène Pierre) – préparer et arrêter le programme de chaque séance –, l'ordre du jour détermine en grande partie le sort des projets ou des propositions de loi : les parlementaires des IIIe et IVe Républiques l'ont bien compris qui, ayant le monopole de la fixation de cet ordre, reléguaient volontiers aux oubliettes, en refusant de les y inscrire, les projets déplaisants du Gouvernement. C'est donc dans une perspective de rationalisation* que la Constitution de 1958 a initialement confisqué au Parlement la maîtrise de l'ordre du jour pour la confier au Gouvernement. Le corset, particulièrement serré, devint intenable à mesure que s'accentuait le phénomène de présidentialisation* du régime. Bien que fût ajoutée timidement, en 1995, une petite séance par mois réservée prioritairement à l'ordre du jour fixé par chaque assemblée, il fallut attendre la révision constitutionnelle de 2008, cherchant à revaloriser les droits du Parlement, pour renouer avec la lettre des Républiques précédentes. Avec la lettre – « l'ordre du jour est fixé par chaque assemblée » (art. 48) –, mais non point avec l'esprit : deux semaines sur quatre sont encore réservées à l'ordre fixé par le Gouvernement, une troisième est consacrée au contrôle de l'action du Gouvernement et à l'évaluation des politiques publiques ; reste à ménager un jour par mois pour l'ordre arrêté à l'initiative des groupes d'opposition et des groupes minoritaires…

PARLEMENT

Le lieu où l'on parle, tout simplement, où l'on délibère, que ce soit pour rendre une décision juridictionnelle (à l'instar des Parlements de l'ancienne France) ou, désormais, pour adopter des lois. Car, à en croire Locke, il y aurait une sorte d'adéquation entre la forme de l'organe et les fonctions qu'il exerce : puisqu'il est toujours besoin d'exécuter les lois, cette fonction doit être remise à un organe *always in being*, qui est le propre d'un seul homme ; en revanche, puisque faire la loi n'est pas une activité permanente et qu'il serait dangereux de confier cette fonction à un seul homme susceptible de l'exercer à son profit, « il n'est pas nécessaire que le pouvoir législatif soit toujours sur pied » ; il doit au contraire être « remis entre les mains de diverses personnes [...] dûment assemblées ». C'est cette idée qui est au principe de la fameuse maxime : délibérer est le fait de plusieurs, agir ou exécuter est le fait d'un seul.

De nos jours, sous la Ve République, nos deux assemblées qui forment le Parlement – l'Assemblée nationale et le Sénat – sont structurées de telle sorte qu'en dehors des formes du régime parlementaire* (la dissolution notamment), leur indépendance à l'égard des autres organes soit assurée. Et « pour être indépendantes, les Chambres [doivent être] entièrement, absolument maîtresses chez elles » (Eugène Pierre) grâce au régime de l'immunité et à celui de l'autonomie. Le premier renvoie à la question de la responsabilité civile et pénale des parlementaires (→ Responsabilité), le second recouvre à la fois l'autonomie administrative et l'autonomie financière, c'est-à-dire géré par la questure, un budget propre et un corps de fonctionnaires échappant au pouvoir hiérarchique que le Gouvernement exerce normalement sur l'administration au titre de l'article 20 de la Constitution.

PARLEMENTAIRE (RÉGIME)

C'est au XVIIIe siècle, avec la démission individuelle du Premier ministre Robert Walpole en 1742 et la démission collective du cabinet de lord North en 1782, que l'Angleterre, la « mère des Parlements », a historiquement donné sa forme viable au parlementarisme, désormais défini comme le régime* d'interdépendance des organes (→ Séparation des pouvoirs) dans lequel le Gouvernement*, qui est une émanation de la chambre basse du Parlement, est responsable politiquement devant elle, à charge pour l'Exécutif de recourir au droit de dissolution pour renvoyer les députés devant leurs électeurs. Ce sont donc la responsabilité* politique du Gouvernement et les moyens d'action réciproques* (motion de censure et droit de dissolution) qui caractérisent le parlementarisme, lequel peut encore être dit « moniste » si le Gouvernement est responsable uniquement devant le Parlement, ou « dualiste » si cette responsabilité joue également à l'égard du chef de l'État.

En France, l'« incomplétude » de la Charte de 1814 qui, tout en reconnaissant la responsabilité des ministres, ne précisait pas si cette responsabilité devait s'entendre pénalement ou politiquement, a conduit les députés, dans la décisive « Adresse des 221 », à revendiquer pour eux-mêmes, en 1830, le principe-clé du parlementarisme, à savoir le « concours permanent des vues politiques [du] gouvernement avec les vœux [du] peuple » exprimés par les représentants. Sous la monarchie de Juillet, avec l'arrivée sur le trône des Orléans, la responsabilité politique du Gouvernement devant le roi se doubla donc d'une responsabilité politique devant la Chambre, consacrant un parlementarisme dualiste ou « orléaniste », qui fut également retenu dans les lois constitutionnelles de 1875 fondant la IIIe République. La suite de l'histoire est connue, puisque la « Constitution Grévy », neutralisant le droit de dissolution*, entraîna un déséquilibre institutionnel caractérisé par un « parlementarisme absolu » (Carré de Malberg), que cherchèrent à contenir les techniques de rationalisation*.

Un excès chassant l'autre, à l'heure actuelle, le régime de la Ve République n'a plus de « parlementaire » que le nom : la forte rationalisation* portée par la Constitution de 1958 se conjuguant au phénomène de concordance des majorités parlementaire et présidentielle, le Gouvernement est en théorie responsable devant l'Assemblée nationale, mais il est peu probable que cette responsabilité puisse être engagée.

PARLEMENTARISME DE COULOIR

Privés du droit d'initiative des lois (→ Régime présidentiel), les Présidents des États-Unis ont dû louvoyer pour devenir de véritables *chiefs legislator* et mettre en œuvre le programme politique sur la base duquel ils sont élus. Le droit de veto* ? Il autorise le chef de la branche exécutive à bloquer les projets du Congrès, mais ne lui permet pas d'imposer positivement ses propres dispositions législatives. Le message sur l'état de l'Union (→ Droit de message) ? Outil commode, certes, mais qui prend le plus souvent la forme d'une simple invitation adressée au Congrès et dont la périodicité (communément annuelle) restreint encore les potentialités. Alors on demande plutôt à un membre du cabinet de communiquer à un *congressman* un simple bout de papier qui ressemble étrangement à un projet de loi ; on invite à la Maison-Blanche quelques parlementaires pour travailler sur telle ou telle mesure, à l'occasion d'un petit déjeuner ; et l'on finit par ressusciter, en catimini, au détour d'un couloir, le jeu du parlementarisme.

PETITES PHRASES

Ce sont celles qui rythment la vie politique française et qui permettent d'appréhender le droit constitutionnel par le bout de la lorgnette : la si célèbre « Pourquoi voulez-vous qu'à soixante-sept ans, je commence une carrière de dictateur ? », signant le retour du général de Gaulle au pouvoir après la crise du 13 mai 1958 ; la redoutable « Vous n'avez pas le monopole du cœur » de Giscard d'Estaing adressée à Mitterrand au cours du débat d'entre-deux-tours de l'élection présidentielle de 1974 et qui, dit-on, lui permit de rallier les indécis ; Mitterrand à son tour, en 1986, donnant le *la* de la cohabitation avec l'ambiguë « La Constitution, toute la Constitution, rien que la Constitution », reprenant une formule de Daunou deux siècles plus tôt ; la savoureuse et courageuse « *What do you want ? Me to go back to my plane ?* » d'un Jacques Chirac exerçant une fonction diplomatique d'importance, apostrophant le service de sécurité israélien qui l'empêchait de saluer la foule palestinienne, etc. – toutes ces petites phrases n'égayent pas seulement l'étude du droit constitutionnel, elles rappellent que ce dernier ne peut se réduire à une lecture normativiste (→ Normes), car une phrase, un geste, une posture sont amenés à intégrer la « pratique », laquelle est plus importante, à bien des égards, que la lettre de la Constitution.

PFRLR

Ramassés en un acronyme imprononçable, les PFRLR renvoient à une formule du Préambule de la Constitution de 1946, source de plus d'un malentendu : le peuple français, y est-il écrit, « réaffirme solennellement les droits et libertés de l'homme et du citoyen consacrés par la Déclaration des droits de l'homme de 1789 *et les principes fondamentaux reconnus par les lois de la République* ». À l'inverse des principes particulièrement nécessaires à notre temps, inspirés du programme du Conseil national de la Résistance et dont la liste est exhaustivement dressée (égalité entre les hommes et les femmes, droit de grève, liberté syndicale, etc.), le Préambule garde un silence si commode sur ces principes fondamentaux que le Conseil constitutionnel n'a pas hésité, en 1971, à l'occasion de la décision *Liberté d'association* (→ Constitution), à se saisir de cette mine inépuisable de principes ~~créés~~ découverts pour les besoins de la cause : outre la liberté d'association, on dénombre, entre autres exemples, l'indépendance de la juridiction administrative (décision n° 80-119 DC), l'indépendance des professeurs des universités (décision n° 83-165 DC), la particularité du droit alsacien-mosellan (décision n° 2011-157 QPC).

Pour découvrir un PFRLR, la recette n'est pas évidente : en premier lieu, le principe invoqué doit trouver son origine dans une loi adoptée sous un régime républicain avant 1946 (condition qui permet notamment de capter l'héritage des grandes lois de la IIIe République) ; ensuite, ce principe doit être absolu, et non contingent ; enfin, il doit avoir été appliqué sans discontinuité depuis son inscription dans le corpus législatif. Et les mauvaises langues d'ajouter un ingrédient secret, fonction des saisons : l'opportunité, pour le Conseil, de découvrir tel ou tel PFRLR…

PORTE ÉTROITE

S'il est plus facile à un chameau de passer par le trou d'une aiguille qu'à un riche d'entrer dans le royaume de Dieu, il est encore plus facile à un représentant d'intérêts (lobby) de passer par la « porte étroite » que d'engager une longue et coûteuse procédure juridictionnelle dans l'espoir d'obtenir la reconnaissance de l'inconstitutionnalité d'une disposition législative. Car la « porte étroite », selon l'expression inventée par Georges Vedel, permet à différents groupements de la société civile (associations, entreprises, etc.), pourtant exclus du contrôle *a priori* (→ Constitutionnalité des lois), de faire valoir leurs intérêts devant le Conseil constitutionnel, le plus souvent par la voie d'avocats ou de professeurs des universités.

L'ancienne méthode, un peu rudimentaire, qui consistait à adresser un mémoire à un membre ou au secrétaire général du Conseil constitutionnel, a laissé place depuis peu à une procédure plus formalisée : les « contributions extérieures », au soutien de la constitutionnalité ou de l'inconstitutionnalité d'une disposition législative, sont déposées sur une boîte électronique prévue à cet effet, la liste des contributeurs est rendue publique (2017) ainsi que le contenu même des « portes étroites » (2019). Inutile ! dit-on, depuis que la QPC* permet de soulever l'inconstitutionnalité d'une loi après son entrée en vigueur : il est vrai que la « porte étroite » fut inventée en un temps où la loi était intouchable, hormis le contrôle de conventionnalité devant les juges de droit commun et la jurisprudence néocalédonienne* du Conseil constitutionnel ; mais il n'est pas complètement absurde de chercher à neutraliser *a priori* un vice d'inconstitutionnalité, à plus forte raison depuis que la responsabilité de l'État peut être engagée du fait de l'application d'une loi inconstitutionnelle (CE, 2019, *Société Paris Clichy*). Antidémocratique ! Sans conteste, puisque la disposition éventuellement déclarée non conforme, censée exprimée elle aussi la volonté générale, ne pourra entrer en vigueur ; mais puisque la loi est majoritairement d'origine gouvernementale et que les représentants d'intérêts tiennent la plume sur bon nombre d'amendements, à antidémocratique, antidémocratique et demi…

POUVOIR CONSTITUANT

Comme son nom l'indique, le pouvoir constituant désigne les autorités ou les organes dont la fonction est de rédiger et d'adopter une nouvelle Constitution (pouvoir constituant *originaire*) ou de la réviser (pouvoir constituant *dérivé*). Si la notion de pouvoir constituant dérivé renvoie aux problématiques posées par la révision* constitutionnelle et par la question toute hypothétique de la supraconstitutionnalité*, l'histoire de France durant les deux siècles de contemporanéité est un bon laboratoire pour tâcher d'établir une typologie du pouvoir constituant originaire, en distinguant selon l'organe d'élaboration et l'organe d'adoption (Exécutif, Assemblée, Peuple) : la procédure peut être ainsi *exécutive*, que les dispositions constitutionnelles soient rédigées et adoptées par le seul chef de l'État (la Charte « octroyée » par Louis XVIII en 1814) ou avec l'aval de la chambre (la Charte « négociée » de 1830) ; elle peut être encore *représentative*, lorsque l'assemblée législative ou une assemblée constituante élue à dessein rédige et adopte le texte constitutionnel (l'Assemblée de 1871 ayant adopté en 1875 les trois lois qui forment la « Constitution de la IIIe République ») ; elle peut enfin être *référendaire*, lorsque le peuple approuve un texte élaboré, soit par l'Exécutif ou un comité établi par lui (c'est le cas de la Ve République), soit par une assemblée (ainsi de la Constitution de la IVe République, rédigée par la seconde assemblée constituante de 1946).

POUVOIR DE NOMINATION

Ce n'est pas rien que de maîtriser « l'art de mettre les hommes à leur place, […] le premier, peut-être, dans la science du gouvernement » (Talleyrand), et c'est précisément ce que permet le pouvoir de placer un individu dans une situation légale et réglementaire par acte-condition, autrement appelé « pouvoir de nomination ». Mais ce pouvoir recouvre en réalité deux opérations distinctes qui peuvent être exercées par deux autorités différentes : pouvoir *substantiel* de nomination, qui est la faculté de désigner un nom, et pouvoir *formel* de nomination, qui est la faculté d'établir juridiquement l'acte de nomination.

Lorsque les deux facultés sont réunies entre de mêmes mains, la nomination est *discrétionnaire* : tel est le cas, par exemple sous la Vᵉ République, des emplois dits « à la décision du Gouvernement », à la charnière du politique et de l'administratif (ainsi des préfets), caractérisés par la grande liberté dans le choix de leur titulaire et dans leur possible révocation sur un signe de tête, *ad nutum*. Ces nominations sont toutefois assez limitées puisque la règle, imposée par l'article 6 de la Déclaration des droits de l'homme de 1789, veut que « tous les citoyens [soient] également admissibles à toutes dignités, places et emplois publics, selon leur capacité, et sans autre distinction que celle de leurs vertus et de leurs talents ». C'est ce principe d'égal accès aux emplois publics, consacré également comme principe général du droit* (CE, 1954, *Barel*), qui a conduit à la généralisation des concours et donc à la dissociation des deux facultés de nomination : le jury, dont l'appréciation est souveraine, classe les candidats qui seront formellement nommés par une autre autorité exerçant alors une compétence liée (→ Arbitraire, discrétionnaire, compétence liée).

Sous la Ve République, le pouvoir de nomination est ventilé d'une curieuse manière entre les deux têtes de la dyarchie*, puisque le Président nomme aux emplois civils et militaires (art. 13)… tout comme le Premier ministre (art. 21). La pratique politique a, ici comme ailleurs (→ Présidentialisation), clarifié cet enchevêtrement : le Président nomme aux fonctions les plus importantes, sous réserve, pour certains emplois ou fonctions, de l'avis conforme des commissions permanentes des assemblées, tout en conservant la possibilité d'« évoquer » telle ou telle nomination, dont la plupart sont déconcentrées au profit des ministres et des autorités subordonnées. Cette évocation, qui n'est autre que la possibilité de faire remonter un dossier à l'Élysée, est d'autant plus précieuse que le pouvoir de nomination permet de se constituer un véritable réseau de notabilités dans l'ensemble des secteurs intéressant la vie de la Nation : nommer pour s'informer, pour contrôler, pour récompenser ou encore pour consoler.

POUVOIR EXCEPTIONNELS

Rien, ni l'approche fonctionnelle du politique, ni la séparation des pouvoirs, pas même l'État de droit* ne résiste à cette maxime vieille comme le monde, à tout le moins vieille comme Cicéron, qui veut que le salut du peuple soit la loi suprême (*salus populi suprema lex esto*). Conjuguée à l'adage canonique selon lequel la nécessité n'a point de loi (*necessitas non habet legem*), cette maxime donne le parfait cocktail des pouvoirs d'exception : en période de crise, l'ordre juridique et la répartition des compétences qu'il implique doivent s'adapter à l'urgence des réponses qu'il faut adopter – quand la maison brûle, disait Jean Romieu au sujet de l'exécution forcée, on ne va pas demander au juge l'autorisation d'y envoyer les pompiers.

La fin justifierait ainsi tous les moyens, si bien que certains ont pu affirmer qu'est véritablement « souverain celui qui décide de/dans la situation exceptionnelle » (Schmitt).

En dehors de la théorie jurisprudentielle des circonstances exceptionnelles qui permet de couvrir *a posteriori* certaines illégalités (CE, 1918, *Heyriès*), en dehors des régimes légaux d'exception que sont l'état d'urgence de la loi de 1955 et, désormais, l'état d'urgence sanitaire de l'article L3131-12 du Code de la santé publique, qui élargissent les compétences des autorités administratives, et en dehors du régime de l'état de siège de l'article 36 de notre Constitution, qui autorise un transfert de compétences des autorités civiles vers les autorités militaires, les « pouvoirs exceptionnels » renvoient, sous la Ve République, aux dispositions du très critiqué article 16, appliqué une seule fois en 1961 par le général de Gaulle. Pour déclencher ces pouvoirs, deux conditions cumulatives doivent être réunies : d'une part, le fonctionnement régulier des pouvoirs publics doit être interrompu ; d'autre part, les institutions de la République, l'indépendance de la Nation, l'intégrité de son territoire ou l'exécution des engagements internationaux doivent être menacées. Si tel est le cas, le Président de la République est habilité à prendre toutes « les mesures exigées par ces circonstances », qu'elles relèvent du pouvoir réglementaire, bien sûr, ou du domaine de la loi.

Ces pouvoirs ne sont cependant pas soustraits à tout contrôle. Certes, la décision de déclencher la situation d'exception est un acte de gouvernement* insusceptible de recours ; certes, les mesures prises dans le domaine législatif sont de véritables lois qui ne peuvent être déférées aux tribunaux (CE, 1962, *Rubin de Servens*) ; mais les mesures administratives restent, elles, soumises au contrôle de légalité des juridictions administratives, et le Conseil constitutionnel peut être saisi après trente jours et doit se prononcer après soixante jours afin d'examiner si les conditions d'exercice de ces pouvoirs sont toujours réunies.

POUVOIR RÉGLEMENTAIRE

Défini matériellement par opposition à l'acte individuel, l'acte réglementaire est un acte administratif général (recevant une application constante et continue) et impersonnel (s'appliquant à tous) qui aurait toutes les caractéristiques d'une véritable loi* si cette loi administrative n'était pas précisément adoptée par… l'Exécutif. Alors que la doctrine allemande de la fin du XIXe siècle ne voyait aucun inconvénient à reconnaître un véritable statut à l'acte réglementaire (Laband, Mayer), les débats furent nettement plus chaotiques en France, au pays du légicentrisme, où il est toujours pénible de troquer la double généralité de la loi (tous statuent sur tous) contre la généralité à sens unique du pouvoir réglementaire (un seul – ou presque – statue sur tous).

Historiquement pourtant, ce pouvoir apparaît dès les premières heures de la Révolution française, en catimini, louvoyant sous les atours de la nécessité, avant d'être constitutionnalisé dans la Charte de la Restauration, dont l'article 14 eut par la suite l'effet d'un traumatisme : ce sont ces « règlements et ordonnances nécessaires à l'exécution des lois et la sûreté de l'État » contre lesquels s'insurgèrent les Trois Glorieuses, qui imprimèrent dans l'imaginaire républicain cette détestation du règlement. C'est donc non sans garanties que la IIIe République s'accommoda de l'acte réglementaire, et cette tolérance se fit au prix d'une différenciation des régimes contentieux de la loi et du règlement : souveraine, la loi est marquée du sceau de son injusticiabilité ; émanant de l'Exécutif, pouvoir théoriquement subordonné à la volonté des représentants de la nation, le règlement doit être conforme aux lois, quitte à être abrogé au terme d'un contrôle de légalité (CE, 1907, *Compagnie des chemins de fer de l'Est*). Mais à côté de ce pouvoir réglementaire d'exécution, la IVe République, privée des techniques de délégation législative (→ Ordonnances), s'essaya à distinguer les matières relevant du domaine de la loi et celles qui relèvent du règlement, grâce à la technique des lois-cadres (ainsi de la loi Marie de 1948), préfigurant la séparation des domaines des articles 34 et 37 de la Constitution de 1958 et les règlements dits « autonomes » (→ Domaines de la loi et du règlement).

À l'heure actuelle, au sein de l'État, le pouvoir réglementaire est exercé par le Premier ministre, au titre de l'article 21, par le Président de la République, au titre de l'article 13 (→ Conventions de la Constitution), mais également, s'il s'agit de l'organisation du service, par les ministres et par tout chef de service, au titre de la jurisprudence *Jamart* forgée par le Conseil d'État en 1936.

PREMIER MINISTRE

Traditionnellement, dans un régime parlementaire*, le Premier ministre, choisi par convention* au sein du parti majoritaire à la chambre basse, revêt les fonctions de chef du Gouvernement* – ce dernier étant lui-même conçu comme une émanation du Parlement. En France, si l'on s'arrête au texte de la Constitution de 1958, le Premier ministre dirige effectivement l'action du Gouvernement (art. 21), lequel « détermine et conduit la politique de la nation [et] dispose de l'administration et de la force armée » (art. 20). Mais, dès l'origine, le ver était en quelque sorte dans le fruit, puisque les compétences de notre chef du Gouvernement – le pouvoir réglementaire* et le pouvoir de nomination* – s'exercent « sous réserve des dispositions de l'article 13 », c'est-à-dire les dispositions qui consacrent peu ou prou, au profit du Président de la République, les mêmes pouvoirs.

La pratique des institutions (→ Présidentialisation) ne s'est pas tant embarrassée de cet enchevêtrement, s'est gardée de consacrer une « dyarchie* » au sommet de l'État et a tôt fait d'inverser l'esprit du régime parlementaire : le Gouvernement est devenu une émanation, non du Parlement, mais de la Présidence (augmentée de la légitimité du suffrage universel), et le Premier ministre lui-même, nommé et révoqué *ad nutum* (→ Conventions de la Constitution), doit se résigner à être un agent d'exécution du chef de l'État. Le comité de réflexion qui a nourri la révision constitutionnelle de 2008 avait proposé de lever définitivement le voile, en inscrivant dans le texte de la Ve République que le Premier ministre continue de diriger l'action du Gouvernement, mais cette action se serait cantonnée à conduire la politique de la nation, que le Président de la République définit. Peine perdue.

Il n'en reste pas moins à ce premier subordonné une certaine utilité : c'est lui qui engage devant l'Assemblée nationale la responsabilité du Gouvernement ; c'est lui qui, au sein de cet organe collégial, assure les arbitrages nécessaires ; c'est lui, enfin, qui met en œuvre le programme présidentiel, déleste ainsi le chef de l'État, quitte à jouer encore un rôle de « fusible » (Massot) lorsque les sondages d'opinion ne sont plus au beau fixe.

PRÉSIDENTIALISATION

Toute l'histoire de la présidentialisation de la Ve République tient dans ce soupir de Michel Debré, si sincère lorsqu'il le lâcha en 1958, devant un Conseil d'État évidemment au fait de l'instabilité gouvernementale chronique des IIIe et IVe Républiques, si ironique rétrospectivement désormais que l'Assemblée nationale est systématiquement (ou presque) dominée par le parti majoritaire du Président :

« Ah ! Si nous avions la possibilité de faire surgir demain une majorité nette et constante... », peut-être n'aurait-on pas eu besoin d'aggraver dès l'origine les mécanismes de rationalisation du parlementarisme* – en corsetant la motion de censure*, en inventant le 49.3* – qui, conjuguées aux évolutions institutionnelles du régime, ont contribué à confier au Président de la République une forme d'omnipotence. Car l'histoire de l'hyperprésidence, c'est l'histoire d'un « couplage » (Massot), puis d'une fusion, entre une majorité présidentielle auréolée de la légitimité du scrutin universel direct et une majorité parlementaire démunie, désarmée, délégant ainsi indirectement son droit de législation à l'Exécutif.

Pour qu'il y eût couplage, encore fallait-il qu'apparût le « fait majoritaire » à l'Assemblée et qu'on inventât une majorité présidentielle : la loi électorale favorisa assez largement le premier phénomène – le passage de la représentation proportionnelle au scrutin majoritaire dès 1958 –, tandis que le second fut l'œuvre de la révision constitutionnelle de 1962, instaurant l'élection du président de la République au suffrage universel direct. Les mandats respectifs du Président (sept ans) et des députés (cinq ans) n'étant pas identiques, le couplage, toujours fragile, resta quelque temps tributaire, soit de l'évolution politique de la majorité parlementaire en place (la « giscardisation » de l'UDR en 1974), soit de l'éventuelle dissolution* prononcée par le Président nouvellement élu (ainsi celle de Mitterrand en 1981), sans exclure les risques de cohabitation*. Le quinquennat* en 2000 et l'inversion du calendrier des élections législatives et des élections présidentielles en 2001 achevèrent de sceller cette union.

Un Premier ministre au destin politique lié au bon vouloir du Président (→ Conventions de la Constitution) dont il exécute le programme politique, une Assemblée nationale dominée par le parti du Président, timidement contrôlée par une opposition engoncée dans le carcan des mécanismes de rationalisation : l'homme du discours de Bayeux était bien loin d'imaginer, en 1946, projetant un chef de l'État « au-dessus des partis » (de Gaulle), que sa Ve République allait être le terreau d'une politisation au carré non seulement à l'échelle de l'Assemblée, mais également à l'échelle de la Présidence. Étrange ironie de l'histoire.

PRÉSIDENTIEL (RÉGIME)

Le régime présidentiel, dit-on, serait par excellence un régime de séparation stricte des pouvoirs, à l'extrême opposé de la séparation souple, de la collaboration ou de la « mitigation » des pouvoirs qui caractériseraient le régime parlementaire. Aucune de ces définitions, qui confondent pouvoirs, organes et fonctions (→ Séparation des pouvoirs), ne saurait pourtant être retenue, et il suffit d'observer la Constitution américaine – systématiquement prise pour modèle du régime présidentiel – pour s'en convaincre. S'il est assuré que le Président des États-Unis participe à la fonction législative par l'approbation de la loi, l'exercice d'un droit de veto* et plus insidieusement par ses discours sur l'état de l'Union (→ Droit de message), le Congrès n'est pas en reste, qui coexerce la plupart des fonctions* traditionnellement dévolues à ce qu'il est convenu d'appeler le « pouvoir exécutif » : les nominations les plus importantes, ou encore le droit de conclure des traités, doivent s'exercer *with advice and consent* du Sénat. Nulle séparation stricte ainsi, mais une collaboration des organes sous la forme de « facultés d'empêcher », appelées outre-Atlantique les *checks and balances**, les « freins et contrepoids ». Reste donc pour seul marqueur du régime présidentiel l'indépendance des organes : en l'absence de droit de dissolution* et de motion de censure*, le Président et le Congrès ne peuvent (sauf *impeachment**) se démettre mutuellement.

PRIMAIRES

Super Tuesday, mardi de mars d'une grande importance pour les élections présidentielles américaines, au cours duquel les délégués des deux grands partis, démocrate et républicain, sont choisis dans plus d'une dizaine d'États. Ce sont ces délégués (avec des super-délégués, non pas élus mais nommés) qui élisent à l'été, lors de la Convention nationale de chaque parti, le *ticket* composé du nom de leur candidat à l'élection présidentielle et du nom de son futur vice-président, et c'est pour l'un ou l'autre de ces tickets que voteront ensuite les grands électeurs. En d'autres termes, les délégués déterminent la configuration du match présidentiel. Et pour désigner ces délégués, les partis ont recours à des élections qui prennent la forme, soit de caucus, c'est-à-dire de comités locaux composés des membres du parti, soit, majoritairement, de primaires. Ces primaires permettent aux électeurs adhérents d'un parti de voter pour leurs délégués (primaires fermées) ou à tout électeur de voter pour les délégués de l'un ou l'autre parti (primaires ouvertes).

En France, certains partis politiques ont progressivement tenté d'imiter leurs voisins américains en organisant également des primaires en vue de l'élection du Président de la République : fermées à l'origine (donc réservées aux adhérents), elles se sont ouvertes à tous les électeurs à partir de 2012 avec les primaires socialistes qui ont permis de désigner le candidat François Hollande. Vérité outre-Atlantique, erreur en deçà : non seulement aucun des deux candidats issus des primaires n'a passé le premier tour de l'élection présidentielle en 2017, mais plus généralement le système des primaires en France contribue à éloigner toujours un peu plus le régime de son esprit

– comment le futur Président pourrait-il être « au-dessus des partis », selon le mot du général de Gaulle (discours de Bayeux, 1946), si sa candidature même est conditionnée par le système partisan ?

PRINCIPES GÉNÉRAUX DU DROIT

Plus connus sous l'acronyme « PGD », les principes généraux du droit sont une des manifestations du « pouvoir normatif » du juge* qui peut ainsi, en l'absence de toute base textuelle, créer une règle qui aura vocation à être appliquée et sanctionnée devant lui.

Ces principes, qui sont essentiellement l'œuvre du juge administratif, intéressent le droit constitutionnel pour deux motifs. D'une part, un certain nombre de ces PGD ont été repris, sous la Ve République, par le Conseil constitutionnel et élevés au rang de principes à valeur constitutionnelle : tel fut le cas, par exemple, du principe d'égalité ou encore les droits de la défense. D'autre part, ces PGD sont amenés à s'insérer bon an mal an dans la hiérarchie des normes* : ayant une valeur, selon l'expression courante, « supra-décrétale » (« supra-réglementaire » serait davantage indiqué) mais infra-législative, ces principes peuvent être écartés par une loi. Mais sur ce point, étant donné que seul le juge donne une valeur aux principes, il lui revient de construire pour lui-même sa propre pyramide des normes, en fonction des faits de l'espèce : les curieux s'amuseront de lire l'arrêt *Koné* rendu par le Conseil d'État en 1996, qui hisse le principe d'interdiction des extraditions pour mobiles politiques au rang, non de PGD, mais de PFRLR*.

PROCÉDURE ACCÉLÉRÉE

Anciennement « urgence », la procédure accélérée, une fois déclarée par le Gouvernement, déclenche un régime dérogatoire à la procédure législative de droit commun et dont le principal effet est de raccourcir les délais d'adoption de la loi (art. 45) : les six semaines (à compter du dépôt des projets ou des propositions) et quatre semaines (à compter de leur transmission) avant leur discussion en première lecture ne sont plus requises pour les lois ordinaires (→ Navette) ; le premier délai est ramené à quinze jours en matière de lois organiques ; enfin, la réunion d'une commission mixte paritaire peut être provoquée après une seule lecture dans chaque assemblée (→ Commissions parlementaires).

Depuis la révision constitutionnelle de 2008, les conférences des présidents*, agissant conjointement, peuvent toutefois s'opposer à cette procédure accélérée. Une telle opposition est-elle courante et effective ? Le lecteur parvenu à ce soixante-dix-septième mot connaît désormais si bien l'équation – les structures de l'Assemblée nationale sont dominées par la majorité parlementaire, laquelle est indexée sur la majorité du Président de la République, lequel nomme le Gouvernement, qui est précisément l'organe compétent pour déclarer la procédure accélérée – que la solution est presque donnée… Un indice, pour les plus pressés, → Présidentialisation.

PROMULGATION

Dans la grande entreprise révolutionnaire de démantèlement de la procédure législative en une pluralité d'actes distincts, en l'absence de pouvoir de sanction et de droit de veto*, il n'est plus resté à l'Exécutif, et plus spécifiquement au chef de l'État, qu'une fonction honorifique résiduelle : au Gouvernement, lorsque ce droit lui est laissé, le soin d'être à l'initiative de la loi en concurrence avec les parlementaires, au Parlement celui de l'amender et de la voter, et au chef de l'État, de la promulguer, c'est-à-dire de l'authentifier, d'attester son existence et de donner ordre aux autorités publiques d'observer et de faire observer ses dispositions, avant que sa publication (distincte de la promulgation) n'entraîne son entrée en vigueur le lendemain. Mais attester l'existence d'une loi, est-ce la faire exister ?

Cette question, qui rappellera peut-être celle, toute scolastique, du nombre d'anges qui dansent sur une tête d'épingle, a pourtant des conséquences importantes sur le régime contentieux des actes de promulgation : ainsi, rattachant les décrets de promulgation non à une fonction exécutive, mais à la fonction législative elle-même, le Conseil d'État rejette les recours dirigés contre eux (CE, 2015, n° 388807). Sous la Ve République, si le Président de la République ne peut certes pas refuser la promulgation (→ Arbitraire, discrétionnaire, compétence liée), il dispose néanmoins d'un délai de quinze jours à compter de la transmission au Gouvernement de la loi définitivement adoptée (art. 10) : la promulgation ayant pour effet de fermer tout recours devant le Conseil constitutionnel dans le cadre d'un contrôle *a priori* des lois, gare aux parlementaires imprudents qui déposent trop tardivement leur saisine… (décision n° 97-392 DC).

QPC

Certes, la loi n'exprime la volonté générale que dans le respect de la Constitution (Cons. const., décision n° 85-197 DC), mais comment assurer ce respect, c'est-à-dire dessiner une parfaite hiérarchie des normes*, après l'entrée en vigueur d'une loi qui n'aurait pas été déférée au Conseil constitutionnel dans le cadre du contrôle *a priori* (→ Constitutionnalité des lois) ?

Si la jurisprudence dite « néocalédonienne* » a permis au Conseil de partiellement combler ce manque, c'est avec la révision du 23 juillet 2008 (entrée en vigueur, sur ce point, le 1er mars 2010) que la France s'est dotée d'un véritable contrôle *a posteriori* : la question prioritaire de constitutionnalité. Exercé devant les juges du fond dans l'espoir que la question soit transmise au Conseil constitutionnel, ce mécanisme est cependant conditionné à la fois par des critères de recevabilité inscrits à l'article 61-1 de la Constitution et par des critères de transmission prévus aux articles 23-1 et suivants de l'ordonnance du 7 novembre 1958.

S'agissant des critères de recevabilité, non seulement la question doit être posée « à l'occasion d'une instance en cours » – il ne s'agit donc pas d'un recours principal –, mais elle doit également, d'une part, être dirigée contre « une disposition législative », et, d'autre part, faire état d'une « atteinte aux droits et libertés que la Constitution garantit ». Sur le premier point, les doutes relatifs à la signification de l'expression « disposition législative » ont peu à peu été dissipés : s'agit-il de la loi au sens formel (acte voté par le Parlement) ou au sens matériel (toute disposition générale et impersonnelle) ? S'agit-il de la supposée lettre de la loi ou bien de l'interprétation qu'en donnent les juridictions ?

Le Conseil constitutionnel et les hautes juridictions ont tranché : la disposition législative au sens de l'article 61-1 s'entend de la loi formelle (ce qui condamne au rejet toute QPC dirigée contre une règle jurisprudentielle, CE, ord., 11 janvier 2014, *M'Bala M'Bala*) et « de la portée effective qu'une interprétation jurisprudentielle constante [lui] confère » (décision n° 2010-39 QPC). Sur le second point, la condition tirée de l'atteinte aux droits et libertés exclut les moyens d'inconstitutionnalité externe, à l'instar de la répartition des compétences entre le Parlement et le Gouvernement (→ Domaines de la loi et du règlement) ou des vices affectant la procédure législative, sauf à ce que ces inconstitutionnalités affectent par elles-mêmes un droit ou une liberté (décision n° 2010-5 QPC).

S'agissant des critères de transmission, la juridiction du fond saisie doit examiner, dans un délai de trois mois, si la disposition législative est applicable au litige ou si elle constitue le fondement des poursuites, que cette disposition n'a pas d'ores et déjà été déclarée conforme à la Constitution dans les motifs ou dans le dispositif d'une décision du Conseil constitutionnel (sauf changement de circonstances) et que la question soulevée n'est pas dénuée de caractère sérieux. Si ces conditions sont remplies, la question est alors transmise aux hautes juridictions qui procèdent, également dans un délai de trois mois, à un second examen. Seule la dernière condition diffère – subtilement – du contrôle des juges du fond : la question soulevée doit être soit sérieuse, soit nouvelle – la nouveauté permettrait, selon le Conseil, de donner aux hautes juridictions un pouvoir de saisine en opportunité.

QUARANTE-NEUF TROIS (49.3)

Simple nombre qui fait couler bien de l'encre et excite force passions, le « 49.3 » renvoie au troisième alinéa de l'article 49 qui dispose, dans la Constitution de la Ve République, certains moyens d'action réciproque* du Parlement et du Gouvernement. Au sein de ces moyens d'action (question de confiance et motion de censure), le Constituant de 1958 a réservé une place à un mécanisme étonnant, dont la formulation originelle fut longtemps décriée comme attentatoire à la démocratie et au régime parlementaire : « Le Premier ministre peut, après délibération du Conseil des ministres, engager la responsabilité du Gouvernement devant l'Assemblée nationale sur le vote d'un texte. Dans ce cas, ce texte est considéré comme adopté, sauf si une motion de censure [...] est votée. » En d'autres termes, sans opposition franche capable de le renverser, le Gouvernement légifère en passant outre à l'Assemblée nationale.

À l'origine de ce *hold-up* législatif, il y a pourtant une véritable difficulté constitutionnelle, qui plonge ses racines dans l'échec du parlementarisme rationalisé (→ Rationalisation) de la IVe République. Pour endiguer l'instabilité gouvernementale de la IIIe République, la Constitution de 1946 prévoyait que la confiance au Gouvernement pouvait être refusée à la majorité absolue des députés, mais passait sous silence le sort du texte sur lequel elle était engagée : devait-il être regardé comme adopté ou, au contraire, comme rejeté ? C'est dans cette brèche que l'esprit imaginatif des parlementaires s'est immiscé pour bâtir la technique du « calibrage des votes » : rejeter le texte à la majorité simple sans atteindre cette majorité absolue qui eût constituée un vote de défiance à l'endroit du Gouvernement. Son texte écarté, le Gouvernement n'avait plus les moyens de mener sa politique et préférait en pratique se retirer, alors même qu'il n'était pas tenu, juridiquement, de le faire. Ce retrait hors des formes constitutionnelles neutralisait le droit de dissolution (conditionné par la survenance de deux « crises ministérielles » en dix-huit mois) et ressuscitait ainsi l'instabilité gouvernementale.

Pour compréhensible qu'il soit à ses origines, le 49.3 a contribué par la suite à déséquilibrer les rapports entre l'Exécutif et le Parlement, si bien que les excès des champions de la question de confiance sur un texte semblent justifier la nouvelle formulation héritée de la révision constitutionnelle du 23 juillet 2008. Désormais, ce mécanisme est amené à jouer sur un seul texte par session, sauf en matière de projets de loi de finances ou de financement de la sécurité sociale, dans lesquelles son utilisation reste illimitée. Peu de chances, dans ces conditions, de détrôner Michel Rocard et son imbattable record : vingt-huit 49.3 en à peine trois ans.

QUINQUENNAT

« Approuvez-vous le projet de loi constitutionnelle fixant la durée du mandat du président de la République à cinq ans ? » La question posée aux électeurs, ce 24 septembre 2000, n'avait rien d'enchanteresse : soulevée sans passion par un Jacques Chirac d'abord réfractaire à la réduction du mandat présidentiel, elle ne mobilisa qu'à peine 30 % des inscrits et fut approuvée à près de 75 % des voix. Après tout, ne s'agissait-il pas simplement, pour éviter les risques de cohabitation, d'abandonner ce vieux septennat adopté en 1873, à une époque où la nature du régime (république ou monarchie) était encore incertaine, chiffre qui ne renvoyait à rien, sinon à l'espérance de vie supposée du comte de Chambord, héritier Bourbon au trône, ou à celle du président de Mac Mahon, pour gagner un peu de temps ?

En pratique pourtant, le quinquennat a achevé d'asseoir la domination du Président de la République et de sa majorité présidentielle sur l'ensemble des institutions, à plus forte raison que, dès l'année suivante, une loi organique du 15 mai 2001 inversait le calendrier des élections, plaçant les présidentielles avant les législatives. Un Président élu en mai pour cinq ans, des députés élus en juin pour cinq ans également, c'était définitivement garantir un « couplage parfait » (Massot) de la majorité présidentielle et de la majorité parlementaire (→ Présidentialisation). Or, bien davantage que des mesures cherchant à « revaloriser le rôle du Parlement », l'effectivité de la séparation des pouvoirs dépend précisément des moyens de prévenir ce cumul des fonctions étatiques par une même majorité politique : comme on a pu le noter outre-Atlantique, à partir de l'instant où un parti cumule tous les *relevant powers*, le Président jouit d'une *full authority* (Ackerman).

Peut-être, ce 24 septembre 2000, la réponse aurait-elle été tout autre si l'on avait demandé à la souveraineté nationale : « Approuvez-vous l'hyper-présidentialisation du régime ? » De l'art de poser les questions.

RATIONALISATION DU PARLEMENTARISME

Le régime parlementaire n'est pas une catégorie abstraite abandonnée dans le grand bazar de la science du droit constitutionnel et qu'une assemblée constituante dénicherait pour le plaquer, prêt à porter, sur de futures institutions : il est d'abord un phénomène historique, un agrégat d'habitudes devenues des coutumes, fait d'interpellations déstabilisant tel ou tel ministre poussé à la démission, de lois de finances rejetées qui bloquent la politique de l'Exécutif et de confiance refusée contraignant le gouvernement à se retirer. Et comme tout phénomène, le parlementarisme a ses propres excès – cent six gouvernements se sont succédé sous la IIIe République en à peine soixante-dix ans, de 1870 à 1940 – et cet excès à un nom : l'instabilité gouvernementale.

C'est pour répondre à ce travers du parlementarisme que certaines Constitutions ont cherché à encadrer sa pratique, à le « rationaliser », pour reprendre l'expression inspirée à Boris Mirkine-Guetzévitch par l'observation des régimes de « l'Europe nouvelle » (centrale et orientale) à la fin des années 1920. Cette rationalisation prend ainsi majoritairement la forme d'une codification des moyens d'action réciproque (critère *matériel*) afin de tempérer les ardeurs du Parlement et d'assurer la stabilité gouvernementale (critère *finaliste*) : l'exercice du droit de dissolution et de la motion de censure est alors encadré.

Cela étant, la rationalisation du parlementarisme n'enlève rien au fait que la pratique politique est irréductible au droit constitutionnel : non seulement les tentatives de rationalisation de la IVe République furent tenues en échec par un personnel politique hérité de la IIIe République, mais la (trop) grande stabilité gouvernementale de la Ve République résulte moins des mécanismes de rationalisation que de la réforme des types de suffrage* et des modes de scrutin* affectant l'élection présidentielle et les élections législatives (→ Présidentialisation).

RÉFÉRENDUM

Terni par le souvenir des plébiscites napoléoniens et ravalé au rang de mécanisme démagogique douteux promu par les régimes autoritaires, le référendum a fait une entrée on ne peut plus timide en République, lors même qu'il est par excellence le mode d'expression directe du souverain en démocratie* représentative. On retiendra de prime abord, pour clarifier rigoureusement les distinctions conceptuelles, cette maxime morale (et ironique) du constitutionnalisme contemporain : un référendum est un plébiscite qui a réussi ; un plébiscite est un référendum qui a échoué.

Bien que, dans les années 1930, certaines voix aient cherché à défendre l'utilité de ce mécanisme, soit sur un registre politique en y voyant pour « la profonde France [l']occasion de s'exprimer en face de la France de surface » (Tardieu), soit sur un registre juridique en y puisant « la solution du problème relatif à la limitation de la puissance du Parlement vis-à-vis du Gouvernement » (Carré de Malberg), il a fallu attendre la Libération pour que s'affirme cet « appel au peuple » spécifique par lequel les citoyens se prononcent sur l'adoption d'un texte. La volonté même qui préside à son édiction exclut alors qu'un tel texte puisse faire l'objet d'un contrôle de constitutionnalité* : « [les lois] adoptées par le Peuple à la suite d'un référendum constituent l'expression directe de la souveraineté nationale » (Cons. const., décision n° 62-20 DC).

Après le petit pas modeste de la IVe République (référendum constitutionnel de l'article 90), la Constitution de 1958 et ses révisions successives ont consacré de nombreux procédés référendaires… qui ne sont pas, peu ou plus utilisés, depuis que le général de Gaulle s'en est servi comme procédure de question de confiance présidentielle, mettant en balance sa démission en cas de rejet. Outre le référendum de l'article 89, voie naturelle de toute révision constitutionnelle*, et bizarrement appliquée une seule fois (instauration du quinquennat* en 2000) sur vingt-quatre révisions, les recours au référendums législatif de l'article 11 ont été eux aussi assez discrets – seulement huit utilisations en plus en soixante ans –, sans évidemment parler de l'introuvable référendum d'initiative partagée (→ RIP/RIC). Les électeurs sont donc certes « députés d'un jour », selon le mot prêté au général de Gaulle, mais tous les trente-six du mois.

RÉGIME POLITIQUE

Autre imprécision terminologique : les « régimes politiques », qui devraient renvoyer, en empruntant la typologie d'Aristote, à la démocratie (dont la forme altérée est l'anarchie), l'aristocratie (*vs* oligarchie) et à la monarchie (*vs* tyrannie), renvoient en réalité, en droit constitutionnel, à ce qu'il serait plus juste d'appeler les « systèmes de gouvernement » (Le Divellec), opposant régime parlementaire* et régime présidentiel* selon l'indépendance ou l'interdépendance des organes de l'État (→ Séparation des pouvoirs) : la présence de moyens d'action réciproques, dit-on, signera un régime parlementaire ; leur absence sera la marque d'un régime présidentiel. Mais tout l'embarras de cette classification, pour élégante qu'elle soit, tient à ce qu'il est impossible de faire dériver la nature d'un régime à partir des dispositions de sa Constitution (Troper), sans prendre en compte l'effectivité de la pratique politique : qui peut dire que la Ve République – une seule motion de censure en plus de soixante ans – est encore un régime parlementaire ? Plus modestement, cette classification, qui ne porte donc ni sur les « régimes politiques », non plus que sur les « systèmes de gouvernement », permet seulement de catégoriser les Constitutions – maigre plaisir de collectionneurs constitutionnalistes.

RÉPUBLIQUE

Et soudain, dans cette France de 1875 divisée, depuis la défaite de Sedan, entre légitimistes, orléanistes et républicains, cette France à armes égales qui aura connu en moins d'un siècle deux Empires, deux Restaurations, deux Républiques, c'est par un amendement apparemment insignifiant du député Henri Wallon, adopté à une voix de majorité, que la « République » s'inscrivit durablement dans les textes constitutionnels français : « Le Président de la République est élu à la majorité absolue des suffrages par le Sénat et la Chambre des députés réunis en Assemblée nationale. »

Mais quelle signification prêter à ce mot qui a fait tous les régimes ? Ce « droit gouvernement de plusieurs ménages et de ce qui leur est commun, avec puissance souveraine » n'était-il pas compatible avec le pouvoir royal chez Bodin ? Et Napoléon Ier n'était-il pas « Empereur des Français, chef de la République française » ? *A minima*, la seule acception générale, englobant tous les sens, est celle que donne son étymologie latine : une communauté dans laquelle le politique est chose (*res*) publique (*publica*), ce qui supposerait, à en croire Rousseau, que cette communauté soit régie « par des lois, sous quelque forme d'administration que ce puisse être ».

Pourtant, quand elle fut implicitement reconnue le 21 septembre 1792, quand elle fut proclamée le 24 février 1848, quand elle fut, de façon provisoire, annoncée le 4 septembre 1870, quand enfin la « légalité républicaine » fut rétablie le 9 août 1944, le terme s'est chargé d'une signification plus précise, plus spécifique, s'imposant comme l'envers de la monarchie, refusant le principe héréditaire pour lui opposer le principe électif, délogeant la souveraineté* d'un seul pour théoriquement la remettre à tous.

RÉSOLUTION

À la différence de la loi*, qui est nécessairement adoptée par les deux chambres composant le Parlement*, la « résolution » est le nom réservé à l'acte adopté par une chambre statuant seule. Historiquement, en 1958, dans une perspective liée à la rationalisation du parlementarisme*, cette compétence a été très strictement limitée : hors « les mesures et décisions d'ordre intérieur ayant trait au fonctionnement et à la discipline » des assemblées, le Conseil constitutionnel déclarait contraire à la Constitution les dispositions tendant à étendre le champ d'intervention des résolutions, craignant que, par ce biais – l'histoire se répétant –, l'Assemblée nationale et le Sénat ne cherchassent à orienter et à contrôler le Gouvernement, quitte à lui retirer leur confiance en dehors des formes prévues par le texte constitutionnel (décision n° 59-2 et 59-3 DC). En d'autres termes, le champ des résolutions devait se cantonner globalement à l'édiction du règlement de chaque assemblée.

C'est la révision constitutionnelle de 2008 qui, en ajoutant un article 34-1 à la Constitution, a ressuscité les « résolutions politiques » grâce auxquelles les chambres peuvent émettre un avis sur un thème donné, sous réserve des propositions, alors déclarées irrecevables, dont l'adoption ou le rejet « serait de nature à mettre en cause [la] responsabilité politique » du Gouvernement, ou qui contiendraient « des injonctions à son égard ». Sans aller jusqu'à l'injonction *stricto sensu*, on relèvera que, depuis lors, bon nombre de résolutions « invitent » le Gouvernement à procéder à tel ou tel acte, ou l'« appellent » à reconnaître tel ou tel droit, telle ou telle situation.

En matière de reconnaissance, les résolutions politiques ont précisément été pensées pour résoudre le casse-tête contentieux des lois dites « mémorielles ». Les plus importantes d'entre elles visent à qualifier, sans intervention d'une juridiction, des événements historiques de crimes contre l'humanité, et se trouvent enserrées entre deux abîmes constitutionnels : si l'incrimination qu'elles portent ne s'accompagne pas d'un régime de sanction, elles méconnaissent la portée normative qui doit s'attacher à la loi ; si un régime pénal est mis en place (la répression de la négation du crime contre l'humanité reconnu par le seul Législateur), elles portent atteinte à la liberté d'expression (décision n° 2012-647 DC). Par hypothèse, l'Assemblée ou le Sénat, abandonnant la voie législative, pourrait donc échapper à ces épineuses questions constitutionnelles en adoptant des « résolutions mémorielles ».

RESPONSABILITÉ

Puisque « la société a le droit de demander compte à tout agent public de son administration » (art. 15, Déclaration des droits de l'homme), le corollaire de toute fonction publique, entendue au sens large, est le principe de responsabilité. En dehors de la grande règle civiliste, selon laquelle le « fait quelconque de l'homme, qui cause à autrui un dommage, oblige celui par la faute duquel il est arrivé à le réparer » (art. 1240, Code civil), le droit constitutionnel s'intéresse à trois grands régimes de responsabilité : la responsabilité *politique*, la responsabilité *pénale* et la responsabilité *administrative*.

S'agissant de la responsabilité *politique*, marqueur du régime parlementaire*, elle caractérise le lien de confiance – de *trust*, aurait dit Locke – qui lie le Gouvernement* aux représentants du souverain (et au Président, dans un régime parlementaire dualiste) : lorsque cette confiance est retirée, par l'adoption d'une motion de censure* par exemple, le Gouvernement doit démissionner (art. 50 de notre Constitution). Au contraire, le Président de la République, en sa qualité de chef d'État, échapperait à toute responsabilité politique, hormis les cas de « haute trahison » devenue, depuis la révision constitutionnelle de 2007, « manquement à ses devoirs manifestement incompatible avec l'exercice de son mandat » : dans cette éventualité, sa destitution pourrait être prononcée par le Parlement constitué en Haute Cour (art. 68).

Cela étant, la responsabilité politique n'exclut pas la mise en cause de la responsabilité *pénale* des membres du Parlement et de l'Exécutif. En ce qui concerne les députés et les sénateurs, pour garantir la séparation des pouvoirs et éviter que les juges instrumentalisés par l'Exécutif cherchent à entraver, pour des mobiles politiques, le travail du Parlement, l'article 26 de la Constitution prévoit une irresponsabilité pénale des parlementaires pour les actes accomplis dans l'exercice de leurs fonctions ; et une inviolabilité pénale temporaire, pendant leur mandat, pour les actes détachables de leurs fonctions (ils ne peuvent faire l'objet de mesures privatives ou restrictives de liberté, sauf flagrance – évidemment – ou autorisation du Bureau). En ce qui concerne les membres du Gouvernement, l'affaire du « sang contaminé » a en grande partie redessiné leur régime de responsabilité pénale, à la suite de la révision constitutionnelle de 1993 : désormais, s'ils peuvent être responsables – et coupables –, ils bénéficient d'un privilège de juridiction et sont jugés par la très critiquée Cour de justice de la République, composée de magistrats mais aussi de parlementaires, dont les décisions sont susceptibles de pourvois devant la Cour de cassation. Quant au Président de la République, après bien des controverses opposant le Conseil constitutionnel (décis. n° 98-408 DC) et la Cour de cassation (Crim., 2001, *Breisacher*), la révision constitutionnelle de 2007 organise un régime d'irresponsabilité pénale et civile pour les actes accomplis en cette qualité (sauf poursuites devant la Cour pénale internationale) et un régime d'inviolabilité temporaire, qui prend fin un mois après l'expiration du mandat, pour les actes détachables des fonctions (art. 67).

Enfin, l'État lui-même, en tant que personne morale de droit public, peut voir sa responsabilité *administrative* engagée devant le juge administratif, soit en raison d'une faute de service ; soit, en l'absence de faute, pour un risque qu'il a fait peser sur les administrés ; soit en raison de la garde de mineurs ; soit en raison d'une rupture d'égalité devant les charges publiques, lorsque le poids de l'intérêt général crée un préjudice anormal et spécial au détriment d'une catégorie circonscrite d'administrés. Pour ce qui intéresse le droit constitutionnel, le Conseil d'État a ainsi pu progressivement reconnaître la responsabilité de l'État du fait des lois, soit pour rupture d'égalité devant les charges publiques (CE, 1938, *La Fleurette*), soit en raison de la violation d'une règle de droit supérieur, comme une convention internationale (CE, 2007, *Gardedieu*) ou une disposition constitutionnelle (CE, 2019, *Société Paris Clichy*).

RÉVISION DE LA CONSTITUTION

Lorsqu'un agencement constitutionnel fonctionne de manière stable, il n'y faut toucher, pour paraphraser Montesquieu, que d'une main tremblante, et c'est pourquoi les Constitutions* rigides prévoient en matière de révision constitutionnelle une procédure dérogatoire à la procédure législative ordinaire : un système d'amendement à l'américaine, avec une ratification des trois quarts des États fédérés (Constitution de 1787, art. V) ou une plus classique procédure législative renforcée à la française, par exemple.

Précisément, sous la Ve République, l'article 89, qui confère le droit d'engager la révision au Président de la République et aux membres du Parlement, détaille pas à pas la marche à suivre : un vote sur un texte identique par les deux chambres, puis une approbation de la révision par voie de référendum ou, à défaut, à la majorité des trois cinquièmes des suffrages exprimés par le Parlement réuni en Congrès.

Et pourtant, en dehors de cette procédure de l'article 89, de la question du référendum* qui en découle et des hypothétiques limites qu'elle impose au pouvoir constituant* (→ Supraconstitutionnalité), la Constitution française a pu évoluer en plus de soixante ans au moins de deux autres manières.

La première manière, la plus célèbre car la plus contestée, est celle par laquelle a été adoptée la révision de 1962 instaurant l'élection du président de la République au suffrage universel direct, intervenue par voie de référendum, non celui de l'article 89, mais celui de l'article 11, réservé, pensait-on, aux lois ordinaires – c'est à cette occasion que le Conseil constitutionnel s'est déclaré incompétent pour contrôler les lois référendaires (décision n° 62-20 DC).

L'autre manière avance masquée : il s'agit de l'ensemble des pratiques, dérivées en conventions de la Constitution*, qui ont à ce point remodelé les rapports entre les pouvoirs publics que, même en l'absence de toute révision constitutionnelle formelle, la Ve République de 2020 ne ressemblerait pas à celle de 1958.

RIP, RIC

Les deux acronymes ont connu un regain d'actualité en France en 2019 à la faveur de l'adoption de la loi PACTE et des manifestations dites des « Gilets jaunes ». Le premier, le référendum d'initiative partagée, a fait son apparition dans la Constitution de la Ve République à la suite de la révision constitutionnelle du 23 juillet 2008, laquelle a institué, à l'article 11 consacré au référendum*, un mécanisme complexe à mettre en œuvre : un référendum peut être organisé sur une proposition de loi à l'initiative d'un cinquième des membres du Parlement soutenue par un dixième des électeurs inscrits sur les listes. Vouée, en raison de ses conditions d'application, à n'être qu'une disposition décorative du texte constitutionnel, la procédure de RIP a pourtant été enclenchée dix ans plus tard pour éviter la privatisation d'Aéroports de Paris projetée par la loi PACTE : un tel RIP ne pouvant avoir pour objet l'abrogation d'une disposition législative promulguée depuis moins d'un an, ses opposants, secondés par le zèle tout particulier du secrétaire général du Gouvernement de l'époque (→ Secrétaires généraux), maintenaient en vain que l'adoption de la loi PACTE devait conduire à regarder l'initiative référendaire intervenue quelques jours plus tôt comme portant abrogation d'une disposition législative de moins d'un an.

Le second, le référendum d'initiative citoyenne, est une revendication du mouvement des « Gilets jaunes », inspirée de divers mécanismes institués de par le monde : le RIC serait avant tout un référendum législatif (soit d'initiative, soit abrogatif) et constitutionnel, à la manière des « votations » en Suisse, qui permettent aux électeurs, à l'échelon fédéral, de demander une modification de la Constitution ou, à l'échelon des cantons, de créer ou de modifier la loi ou la Constitution cantonale. Mais le RIC se conçoit également comme un référendum révocatoire, portant non sur une disposition législative, mais sur le mandat d'un élu, à l'instar des procédures de *recall* dans certains États fédérés américains – ainsi de la révocation de Gray Davis en 2003 qui a permis l'élection, en qualité de gouverneur de Californie, de… Arnold Schwarzenegger.

SCRUTIN (MODE DE)

Dans le cadre des élections*, une fois les suffrages* exprimés, comment répartir les sièges à pourvoir ? C'est à cette question que répond le choix technique d'un « mode de scrutin ». La grande opposition se joue ici entre le scrutin dit « majoritaire » (qu'il soit uninominal ou de liste) et la représentation proportionnelle (nécessairement un scrutin de liste) : dans un cas, le nom ou la liste obtenant la majorité remporte la totalité des sièges à pourvoir ; dans l'autre, les sièges à pourvoir sont ventilés en fonction des résultats de chaque liste. Et le choix du mode de scrutin est loin d'être anodin, puisqu'il détermine en grande partie la structure du système des partis et la configuration des rapports entre pouvoirs publics. Le scrutin *majoritaire* aura tendance à favoriser le bipartisme (voire la bipolarisation, s'il se déroule en deux tours) et la stabilité gouvernementale, précisément héritée du « fait majoritaire* ». La représentation *proportionnelle* nourrira le multipartisme et pourra entraîner plus d'instabilité. Ainsi, un Président ingénieux, redoutant l'échéance des prochaines législatives et anticipant l'échec de son parti, préférera-t-il instaurer un scrutin proportionnel pour diminuer les futures forces de l'opposition : bien sûr, toute ressemblance avec une certaine réalité de 1986, date à laquelle a été mise en place la représentation proportionnelle aux législatives en France jusqu'en 1988, ne saurait être que fortuite…

SECRÉTAIRES GÉNÉRAUX

La titulature peut paraître anodine, mais il est des secrétaires généraux qui, dans l'ombre des personnages politiques et médiatiques, sous couvert parfois de fonctions purement administratives, disposent d'un pouvoir décisionnel et d'influence non négligeables : il en va ainsi du secrétaire général de l'Élysée (ou de la Présidence de la République) et du secrétaire général du Gouvernement. Le premier, regardé par certains comme un « super-exécutif » (Viansson-Ponté) qui doit être « au centre et au courant de tout » (de Gaulle), assure la liaison et la coordination entre les services de la Présidence et les services ministériels et primo-ministériels afin de diffuser la parole (et les décisions) du chef de l'État. Le second, issu des rangs des conseillers d'État, rattaché aux services du Premier ministre, conseille juridiquement le Gouvernement en aiguillant les mesures engagées dans la bonne voie (législative ou réglementaire) et en organisant la plupart des réunions interministérielles, prépare en lien avec Matignon et l'Élysée le Conseil des ministres, et assure, devant le Conseil constitutionnel, la défense des dispositions législatives litigieuses par le biais de ses « observations », que ce soit dans le cadre du contrôle de constitutionnalité *a priori* ou dans le cadre d'une question prioritaire de constitutionnalité.

SÉPARATION DES POUVOIRS

L'arithmétique constitutionnelle a ceci de curieux que les juristes sont capables de répartir la souveraineté, pourtant une et indivisible par définition, en trois pouvoirs étatiques – législatif, exécutif, juridictionnel – et élever cette division au rang même de critère définitoire de toute constitution : « Toute société dans laquelle la garantie des droits n'est pas assurée, ni la séparation des pouvoirs déterminée, n'a point de Constitution » (art. 16, Déclaration des droits de l'homme et du citoyen).

« Tours de gobelets de nos politiques » rivalisant avec la magie des « charlatans du Japon » (Rousseau) ou « nouveau mystère de la Trinité » (Duguit), la théorie de la séparation des trois pouvoirs plonge ses racines dans les analyses de Locke, de Montesquieu et de Rousseau… qui n'ont jamais cherché à diviser des « pouvoirs » et ne se sont nullement accordés, malgré toute sa symbolique, sur le chiffre trois. Plus raisonnablement, nos théoriciens ont ventilé des « fonctions* », c'est-à-dire des activités de l'État, au sein de différents organes, eux-mêmes appelés à interagir selon des modalités qui garantissent la célébrissime formule de Montesquieu : « Pour qu'on ne puisse abuser du pouvoir, il faut que par la disposition des choses le pouvoir arrête le pouvoir. »

S'agissant des fonctions, un premier mouvement de bon sens consisterait à spécialiser les organes étatiques dans l'exercice de l'une d'entre elles : au Gouvernement, la fonction exécutive ; au Parlement, la fonction législative ; aux tribunaux, la fonction juridictionnelle. Pourtant, aucune Constitution viable ne s'est risquée à emprunter cette voie : la hiérarchie naturelle des fonctions (la législation est supérieure à son exécution) entraînerait une hiérarchie des organes (Carré de Malberg), donc une confusion des « pouvoirs ».

Les lois fondamentales de par le monde retiennent une autre formule : la « balance des pouvoirs », selon laquelle les organes concourent à l'exercice de toutes les fonctions de l'État. Ce concours peut se manifester par une faculté d'empêcher, à l'instar du veto* qui permet au Président des États-Unis de s'opposer à une loi du Congrès, ou par une faculté de statuer, à l'instar du droit d'initiative du Gouvernement, sous la Ve République, en matière de législation.

Quant aux organes de l'État, leur « séparation » masque également deux modes d'interaction : soit l'indépendance, marqueur des régimes présidentiels*, soit l'interdépendance, marqueur des régimes parlementaires*. En réalité, l'indépendance, c'est-à-dire l'impossibilité pour un organe de s'immiscer dans la composition d'un autre (par nomination ou par destitution), ne saurait jamais être totale : si le Président des États-Unis ne peut dissoudre la Chambre des représentants et si le Congrès ne peut remettre en cause la responsabilité politique* de l'Exécutif américain, ce dernier peut toutefois faire l'objet d'un *impeachment**. À l'inverse, l'interdépendance des organes s'accompagne de la mise en place de moyens d'action réciproques*, autorisant l'Exécutif et le Législatif à se démettre mutuellement : la dissolution* et la motion de censure*.

Mais l'effectivité de cette théorie repose assez largement sur des données politiques étrangères à la Constitution : dès lors qu'un même parti politique domine les deux principaux organes – concordance de majorités (→ Fait majoritaire) –, la ventilation fonctionnelle comme la séparation organique apparaissent à bien des égards chimériques.

SESSION

Unité de temps qui rythme la vie parlementaire pendant une législature de cinq ans, la « session » embrasse l'ensemble des jours où le Parlement se réunit en séances. À l'origine de la Ve République, en 1958, dans une perspective de rationalisation* du parlementarisme, deux sessions ordinaires étaient instituées afin de restreindre le travail législatif au strict nécessaire : celle d'automne, consacrée au budget, et celle de printemps, consacrée aux lois ordinaires. En instaurant une session unique, la révision constitutionnelle de 1995 a renoué avec l'histoire constitutionnelle française (IIIe et IVe Républiques) en mettant le cadre légal en accord avec l'accroissement du travail parlementaire – pour contourner la restriction de deux sessions, les séances de nuit et les sessions extraordinaires s'étaient multipliées.

Désormais, l'article 28 de la Constitution dispose que la session ordinaire dure du premier jour ouvrable d'octobre au dernier jour ouvrable de juin (cent vingt jours de séances maximums, pour éviter l'inflation législative, donc traditionnellement les mardi, mercredi et jeudi). Des séances supplémentaires sont prévues, soit de plein droit pour permettre au Parlement d'exercer ses prérogatives essentielles (celles qui sont prévues, par exemple, à l'article 26 ou à l'article 51), soit sur demande du Premier ministre ou de la majorité de chaque assemblée.

À la session ordinaire s'ajoutent les sessions extraordinaires et les sessions de plein droit. Les premières, qui se tiennent en juillet, août ou septembre, demandées à l'initiative du Premier ministre ou de la majorité à l'Assemblé nationale, sont ouvertes par le Président de la République sur un ordre du jour déterminé – ce dernier pouvant, par convention*, refuser d'y faire droit ou en modifier l'ordre du jour. Quant aux secondes, les sessions de plein droit, ce sont celles qui sont prévues aux articles 12 (session post-dissolution), 16 (session liée aux pouvoirs exceptionnels).

SHUTDOWN

Nerf de la guerre permettant tout bonnement de payer les fonctionnaires et agents qui assurent le fonctionnement de l'appareil d'État, le budget (ou loi de finances) est traditionnellement adopté chaque année (principe d'annualité de l'impôt) par les représentants (principe du libre consentement à l'impôt). Que les représentants ne parviennent pas à s'entendre, que le budget ne soit pas adopté à temps, c'est la capacité même de prélever les impositions de toute nature qui est neutralisée : faute de moyens, en théorie, les services de l'État devraient fermer un à un. En France, la Ve République prévoit deux mécanismes qui permettent d'éviter le *shutdown* : d'une part, si le Parlement ne s'est pas prononcé sur le projet de loi de finances dans un délai de soixante jours, ses dispositions peuvent être mises en œuvre par ordonnance* (art. 47, al. 3) ; d'autre part, si le projet n'est pas adopté avant le début de l'exercice budgétaire, le Gouvernement « demande d'urgence au Parlement l'autorisation de percevoir les impôts » et fixe les dépenses par décret (art. 47, al. 4). C'est au mécanisme de l'autorisation temporaire qu'eut recours le Premier ministre Raymond Barre tout à la fin de l'année 1979 après que le Conseil constitutionnel eut censuré pour vice de procédure la loi de finances pour 1980, laissant le pays sans budget (décisions nos 79-110 DC et 79-111 DC). Inversement, aux États-Unis, en l'absence de mécanisme constitutionnel équivalent, le *shutdown* est bel et bien une réalité : à l'exception de quelques services régaliens, les administrations fédérales sont suspendues et les agents sont placés au chômage le temps que le Président et le Congrès trouvent un accord (→ *Checks and balances* ; → *Midterm*). Et les heures peuvent être longues, à en croire le record d'un mois et trois jours de *shutdown* remporté par Donald Trump en 2018-2019.

SOUVERAINETÉ

De la souveraineté, les textes de droit positif nous apprennent assez peu de choses en dehors de son lieu de résidence (souveraineté populaire dans le peuple ; ou souveraineté nationale dans la nation*, comme le dispose l'art. 3 de la Déclaration de 1789) et de ses modalités d'exercice (soit de manière directe, soit par des représentants, soit les deux, comme le suggère l'art. 3 de notre Constitution). Quant à sa nature, s'il faut remonter aux auteurs et commentateurs pour obtenir quelques éléments, le propos peut paraître à bien des égards obscurs. Il est dit que la souveraineté serait « puissance absolue et perpétuelle d'une République » (Bodin), indivisible parce qu'inaliénable (Rousseau), puissance qui déterminerait pour elle-même la compétence de sa compétence (Jellinek) : il en résulterait l'opposition classique selon laquelle la souveraineté est sur son territoire une puissance suprême, donc exclusive, à même d'imposer unilatéralement son commandement (souveraineté interne), et une puissance indépendante par rapport aux autres souverainetés, c'est-à-dire des États étrangers (souveraineté externe).

Mais concrètement ? Deux approches permettent de cerner un peu mieux ce que recouvre la souveraineté : une approche *matérielle* et une approche *formelle*. L'approche *matérielle* vise à identifier les matières sur lesquelles se porte cette puissance. C'est en appréciant une à une les « marques » de la majesté que Bodin, au XVIe siècle, identifie la souveraineté : faire la loi (incluant le droit de battre monnaie), déclarer la guerre ou faire la paix, nommer les agents, connaître en dernier ressort, octroyer la grâce. Et c'est également en détaillant ses « parties potentielles » que Pufendorf, au XVIIe siècle, délimite les contours de la puissance souveraine.

À cette approche matérielle répond une approche *formelle* selon laquelle, qu'importe la matière, la souveraineté est la forme d'une volonté, de la volonté du peuple qui s'exerce sur lui-même et sur un territoire (« habiter le territoire, c'est se soumettre à la souveraineté »). C'est cette approche formelle qui permet de comprendre, chez Rousseau, que la souveraineté est inaliénable (« le pouvoir peut bien se transmettre, mais non pas la volonté ») et indivisible, parce qu'elle est l'exercice de la volonté générale qui se matérialise dans les lois (→ Contrat social) : obéissant à ces lois, le citoyen de la Cité de Rousseau n'obéit qu'à lui-même, et la souveraineté révèle alors sa vraie nature, qui est d'être la forme politique de la liberté.

Ces quelques méditations complexes permettent alors de saisir le défi que représente la construction européenne : selon l'approche formelle, les « délégations » alléguées constitueraient en réalité une aliénation de la souveraineté, singulièrement lorsqu'elles permettent aux organes de l'Union européenne d'adopter des actes de droit dérivé (règlements, directives) recevant directement application sur le territoire français ; et puisque ces délégations portent sur des matières antérieurement conçues comme des marques de majesté, au premier rang desquelles faire la loi et battre monnaie, alors de telles délégations caractériseraient, selon l'approche matérielle, une renonciation à la souveraineté.

SUFFRAGE

Expression de la volonté du corps électoral (→ Élections), le suffrage peut être dit, selon l'opposition classique, « universel » lorsque tous les citoyens sont appelés à voter, ou « censitaire » lorsque seule une catégorie de la population dispose du droit de vote. À bien des égards, l'opposition semble caricaturale puisque le corps électoral n'embrasse jamais totalement l'ensemble de la population : certes, la condition liée au paiement de l'impôt (du « cens ») sous la Restauration signe effectivement un suffrage censitaire ; certes encore, l'adjonction de certaines personnes qui, sans atteindre le seuil du cens, occupaient des fonctions conférant un droit de vote sous la monarchie de Juillet est bien la marque d'un suffrage censitaire-capacitaire ; mais le suffrage de 1848, salué comme « universel », excluait pourtant les femmes, tout comme ceux de la IIIe République, avant qu'intervienne l'ordonnance du 21 avril 1944 octroyant le droit de vote aux Françaises.

À cette première opposition entre l'universel et le censitaire s'ajoute la distinction entre le suffrage direct et le suffrage indirect : par le premier, les électeurs désignent sans intermédiaire leurs représentants, à l'instar des élections législatives en France ; par le second, le vote donne lieu à l'élection de grands électeurs, eux-mêmes appelés à voter pour des représentants (ainsi de nos élections sénatoriales). Mais de nouveau, dans les pays où la désignation aux principales fonctions a lieu au suffrage indirect, à l'instar des États-Unis pour l'élection du Président (collège de grands électeurs) ou du Royaume-Uni pour la désignation du *Prime minister* (élections des députés et nomination du chef du parti majoritaire par la Reine), la tendance est à l'« élection [directe] masquée » (Duverger) : les élus intermédiaires affichent leur soutien à celui qui, au terme de l'ensemble des opérations, se verra confier le mandat.

SUPRA-CONSTITUTIONNALITÉ

Se pourrait-il qu'il y ait plus fondamental encore que la Loi fondamentale ? C'est cette question que pose en substance le problème de la « supra-constitutionnalité ». Dans la logique de la hiérarchie des normes, elle renvoie à des règles qui se situeraient dans un au-delà de la Constitution, qu'elles soient externes au texte constitutionnel lui-même (et éventuellement au droit) ou que, appartenant au bloc de constitutionnalité, elles possèdent une valeur distincte et supérieure aux autres dispositions constitutionnelles (→ Constitution). Il en résulterait une limite au pouvoir constituant* dérivé, lequel ne pourrait remettre en cause ces règles supra-constitutionnelles par voie de révision.

Alors que, dans certains pays, des décisions juridictionnelles ou des règles de droit positif peuvent nourrir le débat sans totalement le trancher – ainsi de la tradition constitutionnelle au Japon, de la « structure basique » de la Constitution en Inde ou de la « clause d'éternité » de l'article 79, al. 3, de la Loi fondamentale allemande –, la Ve République ne laissait qu'une maigre part aux spéculations : seul le vœu pieux formé au dernier alinéa de l'actuel dernier article de la Constitution de 1958, aux termes duquel « la forme républicaine du Gouvernement ne peut faire l'objet d'une révision », alimentait les spéculations. Supposons que la restauration de la monarchie intervienne par voie de révision constitutionnelle, le Conseil constitutionnel pourrait-il, sur le fondement de cet article 89, la rejeter comme inconstitutionnelle ? Certes, l'on sait depuis 1962 qu'une révision intervenant par voie de référendum ne saurait être contrôlée, étant donné que la loi référendaire constitue l'expression directe de la souveraineté nationale (→ Référendum), mais on ignorait jusqu'en 2003 le sort des révisions constitutionnelles* adoptées par le Congrès. En affirmant qu'il ne tient d'aucune disposition de la Constitution « le pouvoir de statuer sur une révision constitutionnelle » (décision n° 2003-469 DC), le Conseil constitutionnel a coupé court à tout débat. Eût-il été compétent que la protection supra-constitutionnelle aurait été bien légère en l'espèce puisqu'il eût suffi, avant de porter atteinte à la forme républicaine du Gouvernement, de supprimer, par voie de révision, ce dernier alinéa de l'article 89 – à charge, pour les esprits malins, de démontrer qu'une telle suppression eût elle-même porté atteinte à la forme républicaine…

Pourtant, c'est au moment même où le Conseil semblait la condamner que la question de la supra-constitutionnalité allait être actualisée, à la faveur de l'intégration croissante à l'Union européenne, sous la forme détournée de la mystérieuse « identité constitutionnelle* » de la France.

VETO

Acte par lequel une autorité de l'État participe à l'exercice d'une fonction législative négative en refusant d'approuver le texte voté par le Législateur, le veto prive ainsi la loi d'existence soit de façon permanente (veto absolu), soit de façon temporaire, à charge pour le Législateur d'adopter le même texte dans des conditions renforcées (veto suspensif). D'usage courant dans les monarchies constitutionnelles, le veto (et son envers, la sanction royale) a peu à peu déserté les Constitutions, s'effaçant au profit de la seule promulgation* assortie éventuellement de la possibilité de demander une seconde délibération : tel fut le cas en France, où le pouvoir de veto suspensif octroyé au roi par la Constitution de 1791 a laissé place à l'actuel, plus modeste, article 10 ; tel fut également le cas en Angleterre, où, par convention* de la Constitution dès le début du XVIIIe siècle, le *Royal Assent* s'est mué en une compétence liée.

De nos jours, le veto est davantage la marque des régimes présidentiels*, au sein desquels il représente une composante du système des *checks and balances**. Aux États-Unis, le Président dispose ainsi, au titre de la section 7 de l'article Ier de la Constitution, d'un pouvoir d'approbation des projets adoptés par le Congrès : en cas de refus d'approbation, le projet ne deviendra une véritable loi que si chaque chambre l'adopte de nouveau à la majorité des deux tiers de ses membres (veto suspensif). En marge de cette disposition, et parfois à l'encontre de la Constitution, d'autres pratiques se sont encore développées : le *pocket veto*, grâce auquel, à la fin d'une session du Congrès, le Président conserve un projet de loi « dans sa poche », faute de pouvoir le renvoyer aux chambres ; le *line-item veto*, qui permettait au Président, avant que cette pratique soit déclarée contraire à la Constitution (CS, 1998, *Clinton v. City of New-York*), d'opposer son veto uniquement à certaines dispositions du projet de loi ; le *legislative veto*, déclaré également inconstitutionnel (CS, 1983, *Chadha*), par lequel les chambres du Congrès annulent une mesure du Président ; enfin, sans être à proprement parler un veto, les *signing statements*, toujours d'actualité, grâce auxquels le Président complète par voie d'interprétation les dispositions du projet de loi en assortissant son approbation d'un commentaire.

VOTE

Lorsqu'il ne renvoie pas à l'opération électorale en elle-même (→ Élections), le vote évoque soit un droit, soit un bulletin. Un droit, composante des « droits civiques », puisqu'il permet à l'électeur de désigner ses représentants ou de répondre à un référendum*, mais parfois encore un devoir sous peine d'amende, comme en Belgique, où l'article 62 de la Constitution dispose que « le vote est obligatoire ». Un bulletin, affublé des divers qualificatifs d'usage : « secret » (pour éviter les pressions de tous ordres), « nul » (lorsque l'électeur en altère le fond ou la forme) ou « blanc » (lorsque aucun nom ne figure dessus). Recevable selon les dispositions électorales, le bulletin se transforme alors en « suffrage exprimé », si bien que la somme de ces suffrages, des votes blancs et des votes nuls donne le chiffre de la « participation » et, par différence avec le nombre des inscrits sur les listes électorales, le chiffre de l'« abstention ». C'est dire que l'élu*, en France, qui l'est le plus souvent au scrutin majoritaire (→ Scrutin), ne recueille le suffrage que d'une faible fraction des inscrits : une fois retranchée l'abstention, une fois soustraits les votes nuls et les votes blancs (ces derniers sont comptabilisés depuis 2014, mais non pris en compte dans les suffrages exprimés), il ne restait à Emmanuel Macron, en 2017, que 43 % des inscrits – moins encore, si l'on prend pour référent le corps électoral dans son ensemble.

VOTE BLOQUÉ

Avec le 49.3, le 44. 3 est l'autre grande disposition de la Ve République, concourant à la rationalisation du parlementarisme, qui avantage le Gouvernement dans la procédure législative en lui permettant d'imposer à l'Assemblée nationale ou au Sénat un vote bloqué : « l'Assemblée saisie se prononce par un seul vote sur tout ou partie du texte en discussion en ne retenant que les amendements proposés ou acceptés par le Gouvernement ». Si le vote bloqué ne réduit pas au silence les orateurs, il permet malgré tout à l'Exécutif d'accélérer la procédure législative en contournant les tentatives d'obstruction* de l'opposition, laquelle peut encore, même après la révision constitutionnelle de 2008, déposer plusieurs centaines d'amendements* en vue de retarder l'adoption d'une loi.

BIBLIOGRAPHIE

Julien Boudon, *Manuel de droit constitutionnel*, Paris, Puf, « Droit fondamental », 2019 (2e éd.), 2 vol.

Dominique Chagnollaud de Sabouret, *Droit constitutionnel contemporain*, Paris, Dalloz, 2019, vol. 1 avec Aurélien Baudu (9e éd.) et vol. 2 avec Pierre de Montalivet (10e éd.).

Dominique Chagnollaud de Sabouret, Michel Troper (dir.), *Traité international de droit constitutionnel*, Paris, Dalloz, 2012, 3 vol.

Philippe Lauvaux, Armel Le Divellec, *Les Grandes Démocraties contemporaines*, Paris, Puf, « Droit fondamental », 2015 (4e éd.).

Armel Le Divellec, Michel de Villiers, *Dictionnaire de droit constitutionnel*, Paris, Sirey, 2020 (12e éd.).

Composition et mise en pages
Nord Compo à Villeneuve-d'Ascq

Imprimé en France
par la Nouvelle Imprimerie Laballery
rue Louis Blériot 58500 Clamecy
octobre 2020 - N° 010412

La Nouvelle Imprimerie Laballery est titulaire de la marque Imprim'Vert®